绿色航运政策法律制度研究 与

Research on
Green Shipping Policy and
Legal Institution

徐峰 著

WUHAN UNIVERSITY PRESS
武汉大学出版社

图书在版编目(CIP)数据

绿色航运政策与法律制度研究/徐峰著.—武汉:武汉大学出版社,
2024.1
ISBN 978-7-307-23700-1

Ⅰ.绿…　Ⅱ.徐…　Ⅲ.①航运—绿色经济—水路运输政策—研
究—中国　②航运—交通运输经济—经济法—研究—中国
Ⅳ.①F552.0　②D922.296.4

中国国家版本馆 CIP 数据核字(2023)第 062244 号

责任编辑:陈　帆　　　责任校对:鄢春梅　　　版式设计:马　佳

出版发行:**武汉大学出版社**　　(430072　武昌　珞珈山)
　　　　　(电子邮箱:cbs22@whu.edu.cn 网址:www.wdp.com.cn)
印刷:湖北金港彩印有限公司
开本:720×1000　1/16　印张:11.25　字数:159 千字　插页:1
版次:2024 年 1 月第 1 版　　2024 年 1 月第 1 次印刷
ISBN 978-7-307-23700-1　　定价:56.00 元

目　　录

第一章　时代背景与研究意义

近年来,"绿色航运"这一表述频频在各类新闻传媒与学术论坛中涌现,但出现频次越高,越让人深切感到有必要对这一流行用语进行深入探究,追溯其来源与实质,即何为"绿色航运"?何为"绿色航运政策与法律制度"?这两个问题不时萦绕在笔者心头,也严重困扰着每一位航运法乃至环境法学者。"绿色航运"的表述究竟从何而来,为何在"一夜之间"成为航运界与环保界几乎众所周知的"时髦"词汇?令人困惑的不仅是对上述概念本身的界定,还在于概念与概念背后的密切关联、运行机制、现实困境以及内在逻辑:如何运用法律思维全面与综合地审视海洋环境保护的发展现状与未来趋势,如何立足于法治视角看待航运节能减排技术的发展与海洋污染治理能力的进步?因此,在我国积极参与全球海洋治理时代的背景下,提炼"绿色航运"的本质与特征,厘清"绿色航运政策与法律制度"的内涵与外延,总结绿色航运政策与法律制度的表现形式、实施现状与发展趋势;在梳理国内外研究现状的基础之上,提出绿色航运政策与法律制度的研究意义尤为重要。

第一节　新时代背景下"绿色航运"的本质与特征

一、绿色航运的行业实践

有学者考证,"绿色航运"的概念大约于 2004 年被提出,即航运公司在航运实践中所采取的环境管理举措,通过计算航线碳排放量,运用替代性船舶设施以降低海上货物运输所产生的环境损害。① 梳理"绿色航运"的发展历程，该理念从早期环境管理，演变至航运经济、社会与环境的协调发展，最后融合了可持续发展原则以实现代际公平，相关专家学者将其作为航运发展的战略目标。② 交通运输部于 2017 年颁布的《关于推进长江经济带绿色航运发展的指导意见》就明确提出，"以绿色航道、绿色港口、绿色船舶、绿色运输组织方式为抓手，努力推动形成绿色发展方式，促进航运绿色循环低碳发展"。

时至今日，"绿色航运"的内涵与外延依然处于不断扩展与延伸以及变动不居的状态中，因此，对于"绿色航运"本质与特征的解读不应脱离当下的时代背景与宏观环境。习近平总书记就曾围绕海洋环境保护等相关议题作出了一系列重要指示。2019 年，习近平总书记在青岛集体会见应邀出席中国人民解放军海军成立 70 周年多国海军活动的外方代表团团长时提出了"海洋命运共同体"的理念，特别强调"中国高度重视海洋生态文明建设，持续加强海洋环境污染防治，保护海洋生物多样性，实现海洋资源有序开发利用，为子孙后代留下一片碧海蓝天"。③十八大以来，习近平总书记也曾在不同场合多次强调"绿水青山就是金山银山"。"十四五"规划第十一篇《推动绿色发展 促进人与自然和谐共生》明确要求，"完善水污染防治流域协同机制，持续改善京津冀与长三角地区空气质量，提升环境基础设施，积极应对气候变化，健全现代环境治理体系"。2018 年，习近平总书记在全国生态环境保护大会上的讲话中指出："用最严格制度最严密法治保护生态环境，加快制度创新，强化制度执行，让制度成为刚性

---

① Lun, Y. H. V., Lai, K.-h., Wong, C. W. Y., Cheng, T. C. E. Green Shipping Management [M]. Springer US, 2016：3.

② 吴小芳，张珞平. 绿色航运和绿色航运规划的研究进展 [J]. 大连海事大学学报（社会科学版），2016，15（04）：2.

③ 促进自然生态系统治理体系和治理能力现代化 [EB/OL]. 人民网，https：//gs. people. com. cn/n2/2020/0617/c358184-34092403. html.

的约束和不可触碰的高压线。"① 除此以外,"碳达峰"目标与"碳中和"愿景以及"限硫令"在航运领域的逐步落地,对航运企业的经营管理与船舶的日常营运提出了更高的目标,要求承运人或经营人承担更大的社会责任与船舶污染防治义务。

可以预见的是,在各项宏观政策的推动与中远期目标的驱使下,航运产业的发展模式将开始逐步摆脱"粗放型"的发展模式,向"集约型"发展机制转变。各大航运公司也已逐步将重心从片面追求经济效益转移至寻求绿色环保与经济收益的协同发展,纷纷采取了绿色航运行动(Green Shipping Practices, GSP)。GSP 是航运公司在开展航运活动时所采取的环境管理措施,包括计算航运路线的碳足迹和使用替代运输设备,旨在降低海上货物运输对环境的损害。② 以马士基为例,该公司为减少废物产生和节约资源而采取的 GSP 主要分为六个部分,即公司政策和程序(CPPs)、运输文件(SD)、运输设备(SE)、托运人合作(SC)、运输材料(SMs)和运输设计与合规(SDC)。这些构成 GSP 的因素有助于帮助航运公司获得环境绩效和生产效益,以提升生态效率。③ 2021 年,马士基向现代尾浦订购 8+4 艘 16000TEU 甲醇双燃料集装箱船,从而帮助船舶减少排放。④ 日本船东商船三井(MOL)宣布和 Murakami Hide Shipbuilding 等六家日本公司结成战略联盟,开发一种以甲醇为燃料的油轮,并计划于 2024 年交付。鹿特丹港发布了《共建明日之港》年度报告,概述了港口和鹿特丹港务局的发展,提出目前正在筹备的能源转型相关项目将总计减少碳排放量

---

① 用最严格制度最严密法治保护生态环境 [EB/OL]. 中国政府网, https://www.gov.cn/xinwen/2018-09/18/content_5322868.htm.

② Lun, Y. H. V., Lai, K.-h., Wong, C. W. Y., Cheng, T. C. E. Green Shipping Management [M]. Springer US, 2016:3.

③ Lun, Y. H. V., Lai, K.-h., Wong, C. W. Y., Cheng, T. C. E. Green Shipping Management [M]. Springer US, 2016:35-36.

④ 马士基增订 4 艘 16000TEU 甲醇双燃料集装箱船 [EB/OL]. 网易, https://www.163.com/dy/article/GTF114D10514DFG0.html.

2300 万吨。①

在某些情况下，GSP 的开展还需要货主与其他利益相关人共同参与与协同合作，部分大型承运人（包括赫伯罗特、美国总统轮船、川崎汽船、马士基、日本邮船与东方海外等）联合了一些大型货主企业（涉及宜家、美泰、家得宝、耐克与惠普等）组建了"清洁货物"（Clean Cargo）工作组，旨在创建一个清洁与可持续发展的世界。该工作组是一个联系不同利益相关者（如制造商、零售商和货运公司）的企业协作组织，致力于将对环境和社会负责的商业原则纳入运输管理领域。其中，一个重要的环境项目名为"超越监测"（Beyond Monitoring），该项目旨在促进运输链中的多个利益关联方合作，以解决不遵守行为守则和法律规定的问题，从而改善全球航运界的环境福祉。据赫伯罗特的观点，此举措益处甚多，有助于从共享结构化的环境数据逐步发展至通过更好地理解绿色运营的环境期望和行业规范以改进决策。② 除此以外，2021 年，亚马逊、宜家和联合利华等九家公司成立零排放船舶货主联盟（coZEV），承诺 2040 年实现海运脱碳，仅仅使用"零排放船舶"运送货物。③ 中远海运联合中石油、中石化、中海油液化天然气（以下简称 LNG）产业上下游 12 家龙头企业共同发布"LNG 蓝海宣言"，提出坚持以绿色发展为动力，积极贡献全球气候治理。④

二、绿色航运的影响因素

随着多项绿色节能环保技术，如脱硫塔、港口岸电、LNG 等清洁能源

---

① 马士基为甲醇燃料树立信心！[EB/OL]. 信德海事，https://xw.qq.com/cmsid/20220315A08TEM00.

② Lun, Y. H. V. , Lai, K. -h. , Wong, C. W. Y. , Cheng, T. C. E. Green Shipping Management [M]. Springer US, 2016: 9.

③ 亚马逊、宜家和联合利华等 9 家公司承诺到 2040 年实现零排放运输 [EB/OL]. 信德海事，https://www.163.com/dy/article/GMP6F9G50514C1PI.html.

④ 事关温暖过冬，"LNG 蓝海宣言"发布！2021 第三届上海国际 LNG 海运论坛在沪召开 [EB/OL]. 文汇报，https://wenhui.whb.cn/third/baidu/202111/06/432816.html.

被陆续运用至航运领域,从管理学的角度,推动航运企业采取 GSP 的背后原因与真实动因值得进一步研究,即究竟是哪些因素影响了航运企业开展 GSP 的意愿? GSP 开展的实际效果如何? 将会对航运市场产生何种影响? 上述问题的解答对于厘清"绿色航运"的边界以及认清"绿色航运"与"绿色航运政策与法律制度"之间的内在联系至关重要。

有学者认为,促进航运企业采取 GSP 的主要动因包括履行国际公约与国内法的强制性要求、满足所属行业组织对于航运企业提出的行业标准、公司自身所采取的环境保护与可持续发展战略,以及实现客户对于海洋环境保护的期望。换言之,如果该航运企业所属的行业组织(例如船东协会)促使其成为一家对环境友好的承运人,那么该企业在大多数情况下将采取 GSP;如果该航运企业试图增强市场竞争力,并使自己在与其他公司的竞争之中脱颖而出,那么该企业倾向于采取可持续发展战略,例如 GSP。另外,由于大多数航运企业为"客户导向型"企业,客户对环境保护的需求也将迫使该企业采取 GSP。相比之下,政府监管措施(包括各国政府实施的国内法与加入的国际公约)的强制性要求对于航运企业采取 GSP 的影响并不是那么显著,在企业经营符合基本合规要求的情形下,政府监管措施与企业采取可持续发展战略之间的关系并不明显,其中一个很重要的原因就是部分国家国内环境法并不如国际环境法那样严格。

更有甚者,与一般观点(认为可持续发展战略会影响公司经济收益)不同,作者认为,采取 GSP 还会推动企业经济收入的增长。从某种意义上讲,环境污染就是效率低下的表现,意味着企业资源的浪费,即资源未被充分、有效率地利用,所以采取 GSP 将会在降低环境污染的同时,有效提升企业的盈利能力。[1]

也有学者认为,经济发展的可持续性,尤其是基于船舶吨位的增加与

---

① Young-Tae Chang; Denise Danao. Green Shipping Practices of Shipping Firms [J]. Sustainability, 2017, 9, 829: 16-18.

船队规模的扩大以及企业生产力的提高，乃至基于环境保护和环境质量而产生的环境绩效的提升，都受到了绿色航运的影响。因此，在评估一家航运企业是否采取了绿色航运措施之时，围绕材料与废物回收的绿色航运管理、船舶使用的设备类型以及船舶对于海洋或空气污染等相关因素作出识别是至关重要的，识别这些因素有助于航运企业从燃料消耗、交通拥堵与船舶设计等多个环节进行优化，以提升绿色航运的效率。

该作者同样认为，政府给予船东以税收优惠和财政奖励，以及在涉及环境可持续发展的相关立法进程中关注最佳航运实践，对环境绩效的影响更为深远，将以更加坚定与积极的方式增强航运企业对污染的重视；反之，在缺乏税收优惠与财政激励的前提下，船东采取的环保措施往往无法达到可持续发展的效果，可能产生更为低下的环境效能。总体而言，实施税收优惠和财政激励的影响以及采纳环境保护规则的效果，致使人们更加深刻地认识到绿色航运对可持续经济发展的积极意义与重要价值；反之，在缺乏此类财政与金融激励措施以及环境监管制度的情况下，绿色管理和绿色效能对于环境绩效的重要性与积极影响也将减弱。[1]

还有学者总结，认为影响航运企业采取 GSP 的动因主要有四点：第一是"政府监管"。例如国际海事组织（以下简称 IMO）颁布的 1973 年《国际防止船舶造成污染公约》（以下简称 MARPOL）作为企业开展各种海洋环保活动的系统指南，其覆盖范围从固体废物的正确处理扩张至大气污染排放的限制。第二是"海洋环境保护的准则"。IMO 海洋环境保护委员会（以下简称 MEPC）经常牵头制定和推广环境保护的良好实践，并向其成员提供援助（例如分享最佳做法），以指导其环境保护工作的开展。第三是"客户的需要"。公众环境意识的逐步增强迫使航运公司开展符合环保标准的航运业务。由于船舶作业不可避免地会产生含油废物等污染物，如

---

① Felício, J. A.；Rodrigues, R.；Caldeirinha, V. Green Shipping Effect on Sustainable Economy and Environmental Performance ［J］. Sustainability, 2021, 13, 4256：12-13.

果一家航运企业公司被指控污染，客户可能会将其业务交给另一家公司，以避免其被认为对环境不负责任而被抵制。所以，航运企业可能会为了维护客户关系而履行环保要求。第四是"营运收益"。对于国际贸易开展进程中面临的日益严重的环境问题，航运公司迫切需要采取不危及其业务增长的方式应对环境压力，同时在全球航运链中产生经济效益和环境绩效。[1]

总体而言，环境绩效的提升可能会降低运输材料的能耗与避免浪费，在绿色运营等领域表现良好的航运公司可能承担较低的运营成本。此外，更好的环境绩效也有助于改善公司形象，在开展绿色运营之时所获得的良好的企业声誉意味着航运公司可以收取更高的费用以开展航运活动，从而增加航运公司的收入。[2]

三、绿色航运的主要特征

经总结，当前绿色航运的开展主要呈现以下特征：

1. 影响企业开展 GSP 的动机与意愿并非单一的，而可能涉及多个因素与变量。例如，政府监管规定、行业协会要求、客户与公众期望、企业营运受益、税收优惠和财政奖励等相关因素均可能在不同程度上影响 GSP 开展的成效。至于不同变量与开展 GSP 之间的关联度与协同度，不同研究的结论可能存在一定差异。例如，有的研究认为政府监管与开展 GSP 之间的关联度较小，有的研究认为关联度较大，这可能与样本的随机抽取方式不同以及各国航运市场环境的差异所导致的结果偏差相关。但从立法的角度，无论两者之间的关联度与协同度多大，无论政府监管措施与行政立法是直接影响还是间接影响 GSP 开展的动机与意愿，都应当予以关注；换言

---

[1] Lun, Y. H. V., Lai, K.-h., Wong, C. W. Y., Cheng, T. C. E. Green Shipping Management [M]. Springer US, 2016：23-26.

[2] Lun, Y. H. V., Lai, K.-h., Wong, C. W. Y., Cheng, T. C. E. Green Shipping Management [M]. Springer US, 2016：117.

之，应当在立法层面与执法层面重点围绕航运企业开展节能减排的进程与落实强制性标准实施相应的规制与激励。

2. 与传统认知不同的是，航运企业开展 GSP 还可能获得一定的经济利益。经济学上往往将保护海洋环境所产生的效果视作"效能"，从而创设了所谓"环境绩效"的概念。所谓的"环境绩效"是指企业对于环境管理所取得的成效，即企业在减少外部环境影响方面经过努力所取得的成果。该指标体现为航运企业经营活动对海洋环境所产生的直接影响，涉及企业制定的各项环境管理领域的规章制度、企业对环境保护信息的披露以及环保意识的提升等各项因素。通过采取 GSP 能够有效降低企业财务成本，充分利用海洋环境资源，最终达到提升经济效益的目的。从立法的角度，同样应当关注"环境绩效"在企业经营决策中所发挥的作用，引导航运企业主动完善涉及环境保护的规章制度、加强信息披露、提升环保意识，从而实现绿色航运与经济收益的协调发展与正向协同。

3. 与传统意义上的船舶油污损害干预与有毒有害物质泄漏应对不同，当前航运企业开展 GSP 的重点从事后处罚与惩戒逐步向事前防范与规制转变，牵涉的主体也呈现多元化趋势，涉及船方、货方、上下游供应商（制造商、零售商）、港口方乃至行业组织等利益相关方，因此，GSP 的开展需要各方共同参与以及相互协作。总体而言，"绿色航运"的内涵从原来单纯油污损害与有毒有害物质泄漏的防范扩张至大气污染排放限制、清洁燃料使用规范、绿色船舶与相关基础设施建造标准的设计与制定各个环节；主要对象为港到港的海洋运输，不仅在港口基础设施方面强调绿色发展，还关注船舶与运输等，例如排放控制区划定与船舶能效管理①，即航运全生命周期的经济、社会和环境的协调发展。② 从环保的角度出发，这

---

① 吴小芳，张珞平. 中国绿色航运的实践研究 [J]. 大连海事大学学报（社会科学版），2017，16（01）：10.

② 吴小芳，张珞平. 绿色航运和绿色航运规划的研究进展 [J]. 大连海事大学学报（社会科学版），2016，15（04）：6.

种理念的转变有利于航运市场的可持续发展与海洋资源的高效利用。然而绿色航运产业在发展过程中存在的技术与法律问题不容忽视，其本质是新型绿色航运技术的广泛应用与绿色航运的具体内涵发生转变之后，原有航运政策法规无法与之适应，存在制度与政策上的真空与缺失。因此，从某种意义上讲，绿色航运技术瓶颈与法律问题是密不可分的，两者互为因果、相互联系、相互转化。发展绿色航运技术所取得的突破亟需在立法上予以规制与促进，发展绿色航运技术所面临的瓶颈将制约政策法规的出台与修改；反之，立法上的进展也可能在一定程度上推动或制约绿色航运技术的发展。

第二节　新时代背景下"绿色航运"政策法规的内涵与外延、表现形式与法律渊源

一、绿色航运政策法规的内涵与外延

毋庸置疑，绿色航运理念的深刻演变也极大影响了政策法规对航运实践的调整与规制。当前，相关国际公约、国际通行规则、国内外法律法规与航运政策在绿色航运产业领域作出了诸多探索与创新，调整范围已经逐步从单纯的船舶燃料、载运油品、危险化学品以及其他有毒有害物质的泄漏扩展至面向船舶营运与港口经营的整体绿色产业链转型与升级，调控方式也从传统触发式的事后污染防控机制转变为预防式的事前系统防控体系。[①]换言之，本书所指的绿色航运政策与制度已经不再局限于传统意义上的油污泄漏、有毒有害物质污染防治，而是扩展延伸至航运产业的全过程管理与全生命周期防控。其中较为典型的绿色航运技术的创新尝试为老龄船淘汰、LNG 船的推广、岸电普及、低硫油使用、智能港口以及船舶垃

---

① 王思佳．绿色航运的理念之变［J］．中国船检，2019（11）：26.

坂接受转运与处置设施建设等。

从类型上分析，绿色航运政策与法律制度不仅包括禁止性、强制性规定，也包括倡导性、任意性规定；其设立的初衷与目的也不限于对污染事故作出及时应对与事前防范，还包括促进绿色航运市场发展、统一绿色航运技术规范；其表现形式也呈现多元化样态，包括国际公约、国际规则、行业通行标准、国内法律法规、部门规章、地方性法规、政府规章与政策性文件；法律制度、行业标准与政策法规本身的性质也不限于航运类、海事类与海洋类的国际公约与法律制度，还包括环境类的政策法规与管理类的行业标准。

综上所述，从制度设立的内涵、初衷、类型、形式与性质等多方面作出综合研判，本书从广义上对绿色航运政策与制度作出了界定：为防范与防治海上环境污染，促进与推动绿色航运市场的规模化升级，规范与提升船舶营运与港口经营绿色化治理能力与管理水平而出台的一系列国际公约、国际规则、行业标准、法律制度、政策法规与规范性文件。

二、绿色航运政策法规的表现形式与法律渊源

（一）绿色航运政策的表现形式

本书的研究对象主要为绿色航运政策与绿色航运法律。就绿色航运政策而言，主要体现在政府或行业组织制定并颁布的一些规范性文件，往往以行业准则、政府决定、指导性意见或倡导性规范的名义出现。

从性质上进行分析，尽管涉及绿色航运的规范性文件本身并非法律法规，但是就其在实际运作或适用过程中所发挥的作用相较于法律法规而言毫不逊色，尤其是在法律法规尚未涉及或覆盖绿色航运某一细分领域与特定应用场景的情况下，政策就相当于法律法规。鉴于绿色航运政策往往是政府主管部门（例如交通运输部海事局、海洋局、环保局等）或行业协会（例如国际海事组织、船级社、船东协会等）围绕当前或未来某个阶段集

中呈现的主要问题与重要特征,结合绿色航运发展现状或当地实际情况制定、颁布或实施的命令、建议、意见或举措,所以在实践中具有较强的时效性、针对性与权威性。但是绿色航运政策的缺点或弊端也较为明显,主要集中于:缺乏足够的稳定性与长期的持续性,受实施效果、宏观环境与国内外形势的影响,部分政策的落实与实施在一定程度上呈现阶段性的特点与不确定性的特征,在短期内面临较大的存改废风险。

从功能上作出分析,绿色航运政策往往比绿色航运法律法规出台的时间更早,政策的实践与落实为法律的制定与修改提供了较为成熟的文本经验以及较为丰富的施行经验。作为制度的"试验田",其在实践中规范乃至引领绿色航运的治理与开展,为绿色航运法律的制定与实施进行了有益的探索。在不具备立法条件或立法条件尚未成熟之时,绿色航运政策将替代绿色航运法律法规承担环境治理的社会功能。鉴于立法程序相对复杂、周期性较为冗长,无法第一时间应对绿色航运治理中出现的新问题与新情况,存在一定的"立法真空"与"模糊地带",此时绿色航运政策就能发挥较大的灵活性、针对性与适应性;通过及时出台规范性文件对于上述新问题、新情况予以有效规制或激励,将有效弥补绿色航运法律法规存在的缺失与空白。若经过一段时间的实践之后被验证为可行,相关政策将有可能转变为稳定与成熟的法律制度与规范体系;反之,如果该政策被验证为不可行,则将有可能被废止。

因此,一方面,绿色航运政策的颁布将引领绿色航运法律法规制定、修改的方向与路径,为绿色航运治理的法治化提供助力与支撑,本书将其归纳为"引领型"的绿色航运政策;另一方面,绿色航运政策的实施对于绿色航运法律法规中的原则性条款进行细化完善,为全面提升法律的实施效果与可操作性提供了有力的保障机制与制度基础,本书将其归纳为"落实型"的绿色航运政策。当然,这种分类并不是绝对的,两种类型的绿色航运政策并非处于完全"割裂"的状态,部分绿色航运政策在适用过程中可能存在相互融合和相互转换的趋势,同时属于"引领型"与"落实型"

绿色航运政策的范畴，发挥了"承上启下"的作用与功能。以落实与践行相关国际公约与法律法规的要求而颁布的绿色航运政策为例，其不仅为相关法律与行政法规等上位法的实施提供了制度保障，而且经验证可行之后也会引领或推动更多地方性法规、部门规章与政府规章等下位法的落地。

　　具体而言，为落实 MARPOL 关于船用燃料硫含量限制的要求，交通运输部颁布了《2020 年全球船用燃油限硫令实施方案》，明确国际航行船舶进入我国管辖水域应使用硫含量不超过 0.50%m/m 的燃油；并且先后发布了《珠三角、长三角、环渤海（京津冀）水域船舶排放控制区实施方案》《船舶大气污染物排放控制区实施方案》进一步深化改革，规定"海船进入内河控制区，应使用硫含量不大于 0.1%m/m 的船用燃油，未使用污染控制装置等替代措施的船舶进入排放控制区只能装载和使用规定的船用燃油"。为践行《老旧运输船舶管理规定》关于老龄船、超龄船淘汰的规定，财政部、交通运输部等多个部委发布了《老旧运输船舶和单壳油轮提前报废更新实施方案》，明确了各类船舶的使用年限与营运周期，通过经济政策鼓励能耗高、安全和污染风险大的老旧运输船舶和单壳油轮提前淘汰等。为落实《国际使用气体或其他低闪点燃料船舶安全规则》对于新建船舶使用的要求，中国船级社制定了《内河绿色船舶规范》（2020），围绕清洁能源船舶的评定作出了明确规定。为践行《大气污染防治法》中关于港口岸电建造的规定，交通运输部海事局颁布了《内河船舶法定检验技术规则》，交通运输部、发改委等多个部委发布了《关于进一步推进长江经济带船舶靠港使用岸电的通知》，对我国码头和船舶现有的低压岸电设施接插件标准提出了全面而详尽的要求；上述实施方案与技术规则的颁布也为后续交通运输部或各省市发布涉及船用燃料、船舶排放区、老旧船舶、清洁能源船舶与港口岸电的管理办法或暂行条例（例如《老旧运输船舶和单壳油轮报废更新中央财政补助专项资金管理办法》）提供了参照。

　　各省市也围绕绿色航运的发展颁布了一系列重要的实施细则与实施方案。例如，《浙江省船舶排放控制区实施方案》主张积极推广 LNG、纯电动等清洁能源或新能源船舶，积极支持湖州市创建国家内河水运转型发展示范区，着力做好浙北航区 LNG 船舶推广应用。《江苏省船舶排放控制区实施方案》鼓励提前淘汰老旧船舶，新建以 LNG 等清洁能源为动力的船舶，对现有船舶改造升级和应用清洁能源；对使用 LNG 等清洁能源动力的船舶，省级交通运输节能减排专项资金给予适当补贴。《上海市港口岸电建设方案》《上海港靠泊国际航行船舶岸基供电试点工作方案》对开展试点的码头企业的岸电设施建设费、电力增容费、船舶使用岸电所致的电费差价和运行维护费等进行补贴。上述规范性文件在落实上位法规定的同时，也为后续颁布地方性法规与政府规章提供了借鉴。受本书篇幅所限，在此不作详尽列举。

另外，还有部分绿色航运政策在缺乏上位法支撑的背景下率先出台，换言之，完全是由政府或者行业组织通过制定与颁布相关的规范性文件与行业标准的方式开展先行先试与制度探索，属于单纯的"引领型"绿色航运政策。例如，对于船舶制冷剂的应用，中国船级社环保标准（入级符号"CLEAN"）明确禁止使用消耗臭氧物质的制冷剂，要求船舶制冷剂尽可能采用环保的 R404A、R407C，减少其他制冷剂的使用（CFC 制冷剂对环境有害）。对于纯电动拖轮的营运，交通运输部海事局曾颁布《中华人民共和国海事局关于同意 4000HP 纯电动拖轮采用磷酸铁锂电池替代柴油发电机组的批复》，意味着我国自主建造的纯电动拖轮从政策层面得到批准与许可，避免了纯电动拖轮因缺乏法律依据而无法进行检验、发证的困境。对于无人码头、场桥"油改电"、堆场照明灯 LED 改造、LNG 集卡的应用、港内集卡"一拖双挂"等绿色航运技术的陆续运用，上海市交通委曾颁布《上海绿色港口三年行动计划（2015—2017 年）》，要求"开展集装箱码头装卸设备节能减排技术改造……开展油改电、油改气等混合动力技术改造以及机械势能回收技术应用……引入全自动化集装箱码头运营模式，研究传统集装箱码头自动化改造的试点方案。推进港区集装箱卡车环保综合整治。推进港区集装箱牵引车清洁能源替代……鼓励港区集装箱卡车老旧车辆提前淘汰更新；支持港区及周边液化天然气（LNG）加气设施配套建设。推进港区节能照明技术改造……开展专业化码头、干散货码头配置应用智能化照明控制系统试点"。上述规范性文件的实施效果无论是否达到预期，都为后续的立法与政府决策咨询提供了依据。

（二）绿色航运制度的法律渊源

从某种意义上讲，绿色航运法律制度是绿色航运政策不断累积与逐渐演变之后的结果，是对于制定绿色航运法律之前所形成的规范性文件与政策体系的总结与提炼，是将航运实践中普遍认可、共同遵循并且效果显著、被实践可行的政策固化、总结或升华的产物，并且通过严格的立法程序从而具有了普遍适用性与强制执行力。

从性质上进行分析，相比绿色航运政策所具有的阶段性与不确定性特点，绿色航运法律制度呈现出持续性与稳定性等特征。当然，绿色航运法律制度也并非一成不变，应结合地方实际、地域特色与实施效果等相关因素进行适时调整与修改；集中体现在交通运输部发布的部门规章与各地政府颁布的政府规章应符合最新航运形势与环保要求，及时调整或删除部分过时条款，尽快修改或废止与上位法存在一定冲突或矛盾的制度规范。

从功能上进行分析，应特别关注绿色航运政策与绿色法律法规之间相互影响与密切互动的关系。对于"引领型"的绿色航运政策而言，在制定绿色航运法律之时可以将绿色航运政策的实施效果作为重要的制定基础与参考依据，在立足法条本身内在逻辑与内在联系的基础之上，融入更多的宏观政策考量与航运实践背景；反之，对于"落实型"的绿色航运政策而言，绿色航运法律的发布与修改也可能促进与推动绿色航运政策的颁布与调整，让政策在制定环节更多地融入法治的元素。但从某种意义上讲，无论是"引领型"还是"落实型"的绿色航运政策，主管部门在修订与制定之时都应遵循现有的法律制度与基本的法治原则，在法律的制约之下发挥宏观调控的功能，不能超越制定主体与颁布主体的权限或者僭越相关法律的授权，以创设规则或者取代法律。因此，绿色航运政策与法律制度是国家在特定时期针对特定事项而颁布的具有不同类型、不同性质或不同形态的制度规范，彼此之间发挥的功能与扮演的角色可能相互转换乃至相互融合。但总体而言，两者演变方向与发展历程是趋同与一致的，都是为了回应绿色航运市场的发展需要，应对绿色航运技术的应用与进步，以实现"良法"或者"善治"的基本功能。

根据不同的分类标准，绿色航运法律制度的法律渊源主要包括国际法与国内法（按照法律的国际因素进行分类），实体法与程序法（按照法律所调整的内容种类进行分类），公法与私法（按照法律所调整的范围进行分类），民法、行政法、环境与资源保障法（按照法律所调整的对象进行分类），法律、行政法规、部门规章、地方性法规与政府规章（按照法律位阶进行分类），环境法、海洋法、航运法（按照学科进行分类）。受篇幅所限，且不同分类标准之间难免存在一定的交叉与重叠，本书仅仅列举以下几部具有代表性的国际公约与国内法律法规，并阐述其基本内容与主要功能。

（1）MARPOL（包括 1978 年议定书与相关附则）所有条款和统一解释的最新文本。该公约旨在最大限度地防止与减少船舶在发生海难事故之后泄漏或者排放油类等其他有毒有害物质对于海洋环境污染的多边协定。公约文本设定了一般义务、定义、适用范围、违章、证书和检查船舶的特殊规定、违章事件的侦查和本公约的实施、对船期的不当延误、涉及有害物质的事故报告等多项条款；附则 1 为防止油类污染规则，附则 2 为控制散装有毒液体物质污染规则，附则 3 为防止海运包装有害物质污染规则，附则 4 为防止船舶生活污水污染规则，附则 5 为防止船舶垃圾污染规则，附则 6 为防止船舶造成大气污染规则。

（2）《1969 年国际油污损害民事责任公约》（以下简称 CLC）及其1984 年议定书、1992 年议定书，《1971 年设立国际油污损害赔偿基金国际公约》（以下简称 FUND）以及 1984 年议定书、1992 年议定书、2003 年议定书，以及《2001 年燃油污染损害民事责任国际公约》（以下简称 BUNKER）。制定 CLC 1969 的原因可以追溯至 1967 年"托利·堪庸"（Torrey Canyon）号溢油事故，该油轮在英吉利海峡搁浅之后造成了大量原油外溢，引起英国、法国与荷兰等国沿海海域大面积污染。但根据美国法院最终的审判结果，油污受害者仅仅获得了约占总损失 20% 的损害赔偿。[①]因此，当油轮海难事故对沿海国海洋环境构成严重威胁时，受害者能否得到较为充分的赔偿与救济成为航运界关心的热点问题。CLC 1969 的出台旨在突破这一困境，确立了"谁漏油，谁负责"的基本原则，要求船舶所有人应对事件引起的油类溢出或排放所造成的污染损害负责，并就责任人有权享有的责任限制与免责事由作出明确的规定。后续 1984 年议定书（未生效）与 1992 年议定书的修改逐步提高了责任限制。FUND 作为一个由货主摊款成立的国际基金，是对 CLC 的补充，旨在赔偿受害人不能通过 CLC 从船舶所有人获得赔偿的污染损害部分。而 BUNKER 2001 通过明确燃油污染赔偿的主体、范围与方式，旨在填补船舶燃油污染损害赔偿领域的空白。

（3）1982 年《联合国海洋法公约》。该公约关于海洋环境保护的内容主要规定在第十二部分"海洋环境的保护和保全"，第 192～237 条的规定较好地平衡与协调了船旗国、沿海国与港口国之间对于船源污染管辖的冲突。例如，第 194 条第 1 款明确，"各国应在适当情形下个别或联合地采取一切符合本公约的必要措施，防止、减少和控制任何来源的海洋环境污染……"；第 3 款规定，"应包括旨在在最大可能范围内尽量减少下列污染的措施……来自船只的污染……"；第 211 条"来自船只的污染"明确，沿海国在其领海内行使主权，以防止、减少和控制外国船只，包括行使无害通过权的船只对海洋的污染。除此以外，还包括第 216 条"关于倾倒造成污染的执行"、第 217 条"船旗国的执行"、第 218 条"港口国的执行"、

---

① 司玉琢．海商法：第 4 版［M］．北京：法律出版社，2018：304.

第 219 条"关于船只适航条件的避免污染措施"、第 220 条"沿海国的执行"、第 221 条"避免海难引起污染的措施",以及第 223~233 条"调查外国船只"等相应的保障办法。

(4)1987 年《中华人民共和国大气污染防治法》。该法分别于 1995年与 2015 年经过两次修订,旨在采取法律的手段控制大气污染,推动可持续发展战略,其中涉及了大气污染物排放总量控制和许可证制度、污染物排放超标违法制度、排污收费制度等大气污染监督管理措施,并设定了相应的法律责任,上述规定理应适用于航运领域。该法还针对船舶燃料的使用与污染物排放的区域作出了专门规定。例如,第 62 条关于船舶检验机构对船舶发动机及有关设备进行排放检验的规定;第 63 条规定涉及了内河和江海直达船舶以及远洋船舶靠港后使用符合标准的普通柴油与船舶用燃油,新建码头使用岸基供电设施,船舶靠港后优先使用岸电等相关内容;第 64 条关于国务院交通运输主管部门在沿海海域划定船舶大气污染物排放控制区的规定。

(5)1982 年《海洋环境保护法》。该法经过了 1999 年与 2023 年两次修订,以及 2013 年、2016 年、2017 年三次修正,为贯彻落实十八大以来党中央、国务院对海洋生态环境保护的新要求,确立了生态保护红线和海洋生态补偿基本制度,加大了对污染海洋生态环境违法行为的处罚力度。此类制度同样适用于船源污染的防治。除此以外,该法第七章"船舶及有关作业活动污染防治"围绕船源污染作出了专门的规定。例如,第 79 条关于禁止向海洋排放污染物、废弃物和压载水、船舶垃圾及其他有害物质的规定;第 80 条关于船舶必须按照有关规定持有防止海洋环境污染的证书与文书的规定,以及关于船舶必须配置相应的防污设备和器材的规定;第90 条关于国家海事管理机构有权强制采取避免或者减少污染损害措施的规定。

(6)1984 年《海上交通安全法》。该法经过 2021 年修订,值得注意的是,《海上交通安全法》看似仅仅调整船舶海上交通安全的法律关系以及涉及航道秩序维护等相关法律问题，但其在修订之时及时关注了海洋环境保护的迫切性，着重突出海事管理机构在海洋环境保护领域的职能与分工。鉴于沿海区域海洋环境的保护需要我国海事主管部门的事前干预与提前防范，因此，"海洋环境保护"也属于广义上"海上交通安全维护"的范畴。修改后的《海上交通安全法》的多个条款在不同程度上体现了"海洋环境保护"这一要素。例如，该法第7条要求从事船舶等与海上交通相关活动的单位、个人应承担维护海上交通安全和保护海洋生态环境的义务；第11条要求中国籍船舶所有人、经营人或者管理人应当建立并运行安全营运和防治船舶污染管理体系；第74条设定了遇难船舶减少海洋环境污染的义务；第83条赋予船长在防治船舶污染方面的独立决定权。

笔者认为，多维度的分类标准与多视角的研究进路不仅有利于发现绿色航运制度本身的功能与价值，也有利于洞悉绿色航运法律体系建构层面存在的主要问题。通过对我国现有涉及绿色航运的法律制度进行梳理，不难发现，我国在立法层面上尚未形成完整的绿色航运制度规范。

（1）就法律的国际因素而言，我国对 MARPOL 等相关国际规则的落实力度不够，尤其在《大气污染防治法》与《海洋环境保护法》中，对于船舶大气污染排放的现象缺乏全面与系统的规制与激励；对于我国加入的 CLC 等相关国际规则重视程度不够，《海商法》中缺乏船舶所有人应承担油污责任的相关规定。

（2）就法律所调整的内容种类而言，涉及绿色航运的实体法律规定相对较多，但相关程序法律规范与保障机制严重缺失，集中体现在当前的《海洋环境保护法》在原告资格的适格性、诉讼主体的顺位、诉讼的类型、公私益诉讼的衔接、可诉范围与救济方式等方面未能体现海洋环境公益诉讼的特殊性。

（3）就法律所调整的范围而言，涉及绿色航运制度的公法（包括《刑法》）对海洋环境污染行为与现象的惩戒力度与处罚范围存在不足，未能充分考虑到新型海洋环境污染的实际形态与发展趋势，而相关私法未能围绕各类海洋环境污染的责任主体、归责原则、赔偿范围等要素形成完整的规范体系。

（4）就法律所调整的具体内容而言，《民法典》所确立的"绿色原则"尚未在绿色航运的相关立法中得到充分落实，行政学界关于航运监管领域的研究严重不足，《海洋环境保护法》关于海洋环境公益诉讼的规定尚未与《民事诉讼法》《行政诉讼法》《刑事诉讼法》的相关规定形成有效衔接，《大气污染防治法》《海洋环境保护法》相关规定过于原则化，尚未出台船舶油污损害与大气污染防治的实施细则，从而与绿色航运国际公约的最新规定全面接轨。

（5）就法律的位阶而言，尚未围绕船舶油污损害干预、有毒有害物质泄漏防范、大气污染防治与垃圾处置等相关事项形成从中央立法到地方立法的法律体系与制度规范；相关法律、行政法规、部门规章相对较多，而地方性法规、政府规章较少，更多的是停留在政策层面。

（6）就法学学科分类而言，环境法、海洋法、航运法等学科在绿色航运领域缺乏交集。此种现状直接影响到了船舶污染监管主体（例如海洋局、海事局与环保局）之间的职权划分；对于监管主体不履行监管职责之时应承担何种法律责任，缺乏相应的法律依据。

总体而言，当前绿色航运法律体系的构建在广度与深度等方面均存在明显不足。在航运实践中，鉴于政策的制定与颁布具有更大的灵活性与针对性，涉及绿色航运的相关政策远远多于相关法律法规。在部分情况下，受限于立法程序的差异性与复杂性，涉及绿色航运的上位法（如法律）的发布与实施相对滞后于下位法（如行政法规与部门规章），可能违背"法无授权即禁止"的基本原则。因此，随着绿色航运技术的日新月异，涉及绿色航运领域的相关法律与政策都应进行及时调整与修改。这不仅体现在法律的修改应与政策的出台相呼应，也体现在上位法的修订应与下位法的颁布相衔接。例如，为落实 MARPOL 要求使用低硫油的相关规定，交通运输部相继出台了《2020 年全球船用燃油限硫令实施方案》与《船舶大气污染物排放控制区实施方案》，相关内容也应尽快在《大气污染防治法》与《海洋环境保护法》修改或者相关行政法规、部门规章颁布之时予以体现；又例如，为建立由船舶所有人和货主共同承担风险的船舶油污损害赔偿责任体系，交通运输部海事局颁布了《防治船舶污染海洋环境管理条例》《船舶油污损害赔偿基金征收使用管理办法》《船舶油污损害赔偿基金征收使用管理办法实施细则》《船舶油污损害赔偿基金理赔导则》《船舶油污损害赔偿基金索赔指南》（以下简称《索赔指南》）。《海商法》在未来修改之时，也应设置专门的章节围绕船舶油污损害赔偿（包括油污损害赔偿基金）基本原则、责任承担方式与赔偿范围等具体事项作出规定。具体内容将在下文逐步展开。

第三节 "绿色航运"政策法规的研究现状与研究意义

一、国内外研究现状

随着航运科技的不断发展与进步，人类对于海洋的探索、开发与利用也不断深入，但是海洋资源毕竟是有限的，在积极发展航运产业以获取海洋经济利益的同时，也应对海洋环境保护予以充分的重视，强调海洋资源可持续循环利用与航运市场的可持续发展，重视发展绿色航运的政策保障与法律规制，这一原则与宗旨永远不会改变。改变的仅仅是人类对航运污染类型的认知，以及对绿色航运政策法规内涵的解读。学术界与航运界对于绿色航运以及相关政策法规的理解正处于不断延伸与扩展的阶段。时至今日，已经有不少学者从船舶油污泄漏民事责任的承担、船舶污染环境损害赔偿范围的认定、船舶油污损害赔偿责任基金与船舶强制油污责任保险制度的构建等视角开展了有益的探索与研究。

目前，围绕船舶污染损害法律制度的专著主要有《船舶油污损害赔偿法律制度研究》（徐国平，2006），该专著梳理了船舶油污损害赔偿法发展沿革，总结了基本原理与适用范围，围绕船舶油污损害赔偿主体制度（民事责任主体制度、强制责任保证制度、赔偿基金制度）、赔偿范围与赔偿限制制度作了深入分析，并结合我国适用船舶油污损害赔偿国际公约的相关问题提出我国船舶油污损害赔偿法律制度的建构思路与具体设想。

《船舶污染损害赔偿法律制度研究》（韩立新，2007）一书立足于船舶污染及污染损害赔偿立法现状，提出了船舶污染损害赔偿的法律适用，梳理了船舶污染损害赔偿的责任主体，总结了船舶污染损害赔偿的归责原则与免责，并围绕船舶碰撞污染的连带责任、损害赔偿范围、责任限制、污染损害赔偿基金、责任保险与直接诉讼等展开了系统研究与深入分析。

《船舶油污损害赔偿法律问题研究——基于司法的视角》（付本超，2017）在全面总结近年来船舶油污损害赔偿案件审理情况的基础之上，深入分析此类纠纷产生的原因与特征，详细论证了船舶油污损害赔偿所涉及的案由选择、索赔主体与责任主体识别、赔偿范围确定以及损害赔偿举证的法律问题。在系统比较我国相关法律法规、外国法律以及国际公约关于船舶油污损害赔偿规定的前提下，针对当前业内较为关注的船舶油污损害赔偿的公益诉讼问题进行了探索。

《海运有毒有害物质损害赔偿法律制度研究》（李桢，2020）总结了海运有毒有害物质损害赔偿法律的制度基础，提炼相关国际立法进程及发展趋势，对美国、加拿大、德国与日本等国制定与颁布的海运有毒有害物质损害赔偿制度进行了比较分析；在梳理制度构建的必要性、理念与模式的基础之上，提出了制度构建的价值、目标和原则、制度主要内容以及相应的保障机制。

除此以外，还有《论船舶污染损害赔偿》（陈百贤，2006）、《船舶油污损害赔偿法律制度研究》（王玫黎，2008）、《船舶油污损害的国际法研究》（蒋琳，2014）、《中韩船舶油污损害赔偿法律制度比较研究》（郝会娟，2019）等相关学术专著或博士学位论文，分别从船舶油污损害赔偿的历史起源、制度沿革、理论争议、域外借鉴与制度重构等多个视角对船舶营运所产生的油污泄漏问题进行了阐释。

国外的相关专著主要有 Measures To Combat Oil Pollution：The improvement of oil spill response within the European Economic Community（Commission of the European Communities，1980）；Sea Spills，Jurisdiction and Liability（D. Tromp，1992）；Liability for Damage to the Marine Environment（CDL Rue，1993）；Maritime oil pollution：the impact of the Civil Liability Convention（B Browne，1995）；Response to marine oil pollution：review and assessment（Douglas Cormack，1999）；Maritime oil pollution：An empirical analysis（R Hendrickx，2007）；Maritime Oil Transport and Pollution Prevention（SA Abdul-Wahab，2009）；Analysis of tanker casualties after the Oil Pollution Act（USA，1990）（E Eliopoulou，A Papanikolaou，P Diamantis，R Hamann，2012）；Response to marine oil spills（International Tanker Owner's Pollution Federation，2012）；Liability for Oil Pollution and Collisions（Oya Ozcayir，2013）Environmental Hegemony，Maritime Community and the Problem of Oil Tanker Pollution（J Grolin，2019）等。上述专著围绕油污泄漏的国家干预、损害评估、应急处置与民事责任的承担等相关问题展开了全面解读与系统研究。

因此，从研究的视角进行分析，当前国内外学者对于私法性绿色航运国际公约的研究相对较为充分，其中涉及 CLC 1969 及其议定书、FUND 1971 及其议定书、BUNKER 2001 与《国际海上运输有害有毒物质的损害责任及赔偿公约》（以下简称 HNS）等国际公约，但对于公法性绿色航运国际公约的论著相对匮乏，其中包括 1969 年《国际干预公海油污事故公约》、1972 年《防止倾倒废物及其他物质污染海洋公约》与 MARPOL 等国际公约。从研究的范围进行分析，对船舶油污损害干预的研究相对丰富，但围绕有毒有害物质泄漏与外来水生物种入侵风险防范、老龄船与超龄船的淘汰、清洁能源使用、LNG 船舶的建造与推广、港口岸电设施的安装、船舶垃圾的处置、海洋环境公益诉讼完善、船舶污染海洋环境刑法规制与行政监管等问题的论述相对不足。因此，就国内外学者已经研究得较为充分的内容，将不再详细展开，本书重点从公法与私法、实体法与程序法多个方面围绕绿色航运发展过程中所出现的突出问题与热点议题进行深入剖析。

二、研究意义

根据 IMO 发布的统计报告，从 1970 年到 2010 年，船舶油污泄漏的总量已经降低了 85%，尤其是在过去 10 年间，超过 700 吨船舶油污泄漏的数量已经从 20 世纪 70 年代平均每年 25 起以上降低至平均每年 3.7 起。某大型的油轮运输企业预计，其拥有或者长期租赁的油轮每运输 100 万加仑的石油，泄漏的原油仅仅为一小茶匙量。油轮所有人根据此项数据，往往自豪地宣称通过海运方式承运的 99.9996% 石油都被安全交付，对海洋环境没有任何负面影响。①

相比之下，以船舶大气污染为代表的新型海洋环境污染的绝对量与相对量急剧增加，IMO 第四次温室气体研究（GHG4）报告已于 2020 年提交至 IMO 第 75 届 MEPC。该研究报告指出，2012—2018 年，国际海运碳强度降低了约 11%，但温室气体（包括国际船舶、国内船舶与渔船排放的二氧化碳、甲烷与一氧化二氮）年排放量从 9.77 亿吨增加到 10.76 亿吨，增幅达到 9.6%。其中，二氧化碳排放量从 2012 年的 9.62 亿吨增加至 2018 年的 10.56 亿吨，增幅达到 9.3%。如果以国际航运的班次作为分配标准，船舶排放的二氧化碳已经从 2012 年的 7.01 亿吨上升至 2018 年的 7.4 亿吨，增幅达到 5.6%；而如果以参与国际航运的船舶作为分配基础，船舶排放的二氧化碳已经从 2012 年的 8.48 亿吨上升至 2018 年的 9.19 亿吨。就船舶二氧化碳的相对排放额而言，船舶排放二氧化碳在全球人为排放总量中的占比已经从 2012 年的 2.76% 上升至 2018 年的 2.98%。预计到 2050 年，随着海运需求的不断增长，二氧化碳排放量将比 2018 年增长约 50%，

---

① IMO. IMO and the Environment 2011 ［EB/OL］. https：//wwwcdn. imo. org/localresources/en/OurWork/Environment/Documents/IMO% 20and% 20the% 20Environment% 202011. pdf.

比 2008 年增长 90%～130%。①

　　为了应对此种新形势新挑战，各国已经在原来纷纷加入 CLC、FUND 等国际公约或者颁布油污法律法规的基础之后，陆续加入 MARPOL 及其附则，着手制定相应的船舶大气污染排放限制的政策法规，采取诸如划定船舶大气污染排放控制区、推广港口岸电、逐步淘汰老龄船、加注与使用清洁能源、建设智慧港口等各项节能环保举措。当然，这并不意味着船舶油污泄漏的干预举措与防范措施不重要，因为油污的泄漏一旦发生，对于海洋环境与生物资源的损害往往极为严重且不可逆转，产生的长期经济损失更是难以估量。从 1969 年"Torrey Canyon"号在英吉利海峡搁浅到 2020 年日本"若潮"号散货船在毛里求斯海岸触礁，均涉及较为复杂的民事索赔手续与严格的港口国监管程序，具体内容将在下文展开阐述。

　　因此，随着船舶污染类型与环保形势发生根本转变，以及各国海洋环境保护要求与标准不断提升，原有绿色航运政策法规的实施在调整范围、参与主体与调控方式等多个领域面临全新的挑战。如上文所述，绿色航运政策法规调整的范围已经从传统的船舶油污损害与危险化学品泄漏的防范发展至船舶大气污染防治、船舶清洁燃料的供应与加注、船舶污染物接受转运处置（包括船舶生活垃圾上岸与含油污水回收）、港口码头扬尘控制等绿色航运转型与升级的全过程管理；参与主体也从原来仅仅涉及船方扩展至货方、上下游供应商（制造商、零售商）、港口方乃至于行业组织等利益相关方；调控方式也从传统触发式的事后污染防控机制转变为预防式的事前系统防控体系乃至绿色航运供应链的全生命周期防控。体现在法律层面上，绿色航运的开展不仅要面临私法的规制与限制，也将受到公法的干预与调整乃至公法与私法的协同治理。

　　那么，绿色航运类国际公约与行业标准的实施现状如何？存在何种法

① IMO. Fourth IMO GHG Study 2020-Full report and annexes［EB/OL］. https：//www.imo. org/en/OurWork/Environment/Pages/Fourth-IMO-Greenhouse-Gas-Study-2020. aspx.

律问题？产生问题的根源在哪里？应当如何解决？未来的发展趋势如何？上述问题不仅在国际法层面涌现，在国内法层面同样存在。当前，我国绿色航运技术主要被应用于哪些领域？适用于哪些绿色航运政策与法律制度？我国政策法规所面临的主要困境是什么？应当如何解决？又如何实现国内外绿色航运政策与法律制度的借鉴与互动，这正是本书所要积极探索与试图解决的主要问题。

本书在习近平总书记关于海洋环境保护的系列重要讲话精神的指引下，立足于发展绿色航运的时代背景，将分别从船舶油污损害与有毒有害物质泄漏的防范、船舶大气污染的防治、船舶垃圾的处置（包括船舶生活垃圾上岸、含油污水回收、船舶拆解垃圾清理）以及绿色航运的诉讼与监管入手，对相关绿色航运政策与法律制度进行全面梳理，提出政策法规在实施过程中所面临的主要问题；在对产生问题的原因进行分析与总结的基础之上提出相应的完善举措与对策建议，以期为我国绿色航运法律制度与政策法规的完善以及主管部门的行政执法提供理论支撑与智力支持。

第二章　船舶油污损害、有毒有害物质泄漏与外来水生生物入侵防范的政策法规与存在问题

第一节　船舶油污损害、有毒有害物质泄漏与外来水生生物入侵的现状

如上文所述，最早引起业内关注的重大海上油污事故可以追溯到 1967 年 "Torrey Canyon" 号溢油事故。这起海上溢油事故（船体破损后溢油数量总量高达 100000 吨）对于航运界从业者带来的警示与教训是极为深刻而沉重的：一方面，重大海上溢油事故的应急处置不仅需要船舶公司积极参与救助以及港口国政府主管部门及时干预与强化监督，从而防止船舶油污泄漏对海洋环境造成进一步损害；另一方面，确定船方在海上溢油事故应承担民事责任的基本原则、赔偿方式与赔偿范围也有助于切实保护环境污染受害者的经济利益。在此种理念的指引下，IMO 等国际组织陆续出台了相关公法性国际公约与私法性国际公约，下文将进行简要介绍。鉴于相关国际公约与法律法规的日趋完善以及航运业的逐步重视，全球船舶溢油事故的数量与影响趋于减少。

根据国际油轮船东防污染联合会（ITOPF）的统计与分类，船舶油污泄漏数量主要分为少于 7 吨（小型溢油事故）、7 吨~700 吨（中型溢油事故）、大于 700 吨（大型溢油事故）三大类。从 1970 年至今，大约发生了 10000 起海上溢油事故，大约 82% 属于最低溢油事件（船舶溢油数量少于

7吨），绝大多数的事故原因可以归结为船舶碰撞、搁浅、结构性损坏、火灾与爆炸等海上风险。

除此以外，中型与大型溢油事故发生的次数与频率在过去的50年间也大幅减少，从1970年至今，大约减少了90%。20世纪70年代，平均每年发生的中型溢油事故为54.3起，大型溢油事故为24.3起；20世纪80年代，中型溢油事故年均36起，大型溢油事故年均9.4起；20世纪90年代，中型溢油事故年均28.1起，大型溢油事故年均7.7起；2000—2009年，中型溢油事故年均14.9起，大型溢油事故年均3.2起；2010—2019年，中型溢油事故年均4.5起，大型溢油事故年均1.8起；2020—2021年，中型事故年均9起，大型溢油事故年均1起。

从油污泄漏总量上进行分析，从1970年到2021年，大约有58700万原油因油污事故被倾泻入海洋之中，但是从总体上看，近年来每年油污泄漏的总量逐步递减，相比每年被交付的原油总量，其占据的比例微乎其微。从20世纪70年代年均3195000吨，20世纪80年代年均1175000吨，20世纪90年代年均1134000吨，再到2000—2009年年均196000吨，2010—2019年年均164000吨，2020—2021年年均11000吨。①

但各类船舶油污事故发生次数、频次的逐年减少以及油污泄漏总量的逐步递减并不意味着船舶油污泄漏不再对海洋环境构成严重威胁，因为一旦油污事故发生，对于海洋生态资源的损害就是不可逆的，尤其是大型船舶溢油事件对于当地渔业、旅游资源与海洋生物多样性造成的经济损失更是不可估量。例如，1978年3月，油轮"Amoco Cadiz"因舵机失灵而搁浅在法国西岸布列塔尼附近的礁石上，致使23万吨原油溢出，导致法国沿海海域严重污染。② 1989年3月，油轮"Exxon Valdez"由于船员的操纵失误在阿拉斯加海域触礁搁浅，该油轮的11个货舱中有8个受损，导致其溢出大约1090万加仑原油，溢油污染了1100多海里的非连续海岸线，严

---

①　ITOPF. Oil Tanker Spill Statistics 2021 [EB/OL]. https：//www.itopf.org/fileadmin/uploads/itopf/data/Documents/Company_Lit/Oil_Spill_Stats_2021.pdf.

②　傅廷中. 海商法：第2版 [M]. 北京：法律出版社，2017：284.

重影响了当地水产养殖业的发展，造成多达 25 万只海鸟死亡。① 近年来具有较大社会影响的船舶溢油事故案还有 2007 年河北"精神"号碰撞事件（在韩国海域与驳船发生碰撞溢出 11000 吨原油）②，2018 年"桑吉"轮沉没事件（在长江口以东与"长峰水晶"轮发生碰撞溢出 113000 吨凝析油）③，2020 年"若潮"号触礁事件（在毛里求斯海域触礁溢出 1000 吨燃料）④。受本书篇幅限制，在此不再作完整列举。

除了船舶载运的原油与船舶本身携带的燃料泄漏之外，有毒有害物质的排放与泄漏对于海洋环境的巨大影响也不容忽视。本书所指的"有毒有害物质泄漏"，不仅包括船舶运输有毒有害化学品过程中可能发生的泄漏隐患与污染风险，还涉及船舶压舱水的管理与船底附着物的清理（包括硅藻、藤壶、贻贝以及各种微生物等海洋污损物），前者与船舶油污损害类似，可能严重损害事发海域的生物资源与水文条件的可持续发展；后者则可能引起外来水生生物入侵的重大风险，严重影响本地海洋生物资源的多样性与完整性。因此，本书对于有毒有害物质的认定是广义的，包括船舶载运、管理与营运过程中可能排放或泄漏的一切有毒有害物质、危险化学品、压舱水中的沉积物以及船底附着的微生物与污损物等。

就船舶载运的各类有毒有害物质与危险化学品而言，根据 MARPOL 的分类标准，可划分为 X、Y、Z 与其他物质四大类。其中，X 类为"从洗舱或卸载作业中排放入海，对海洋环境或人类健康产生重大危害，禁止排放入海"；Y 类为"……对海洋环境或人类健康产生危害，严格限制其排放入海"；Z 类为"……对海洋环境或人类健康产生较小危害，限量其排放

---

① 中华人民共和国山东海事局."Exxon Valdez"轮溢油事故［EB/OL］. http：//www. sd. msa. gov. cn/art/2022/8/10/art_8761_1801122. html.

② 郝会娟, Li Jiaxin. 韩国法院"河北精神号漏油事故"判决主要争议点分析及其启示［J］. 中华海洋法学评论, 2019（03）：132.

③ 《中国海洋报》评选推出 2018 年中国海洋十大新闻［EB/OL］. 中国海洋信息网, http：//www. nmdis. org. cn/c/2019-01-02/66979. shtml.

④ 盲目自信! 缺乏安全意识! 日本若潮号触礁漏油事故内部调查报告公布［EB/OL］. 搜狐网, https：//www. sohu. com/a/439581292_800178.

入海"；其他物质为"……不会对海洋环境或人类健康产生危害，其排放入海不受公约限制"。较为典型的案件如下：2001年4月，韩国籍散货船"大勇"轮在长江口水域附近与我国香港籍散货船"大望"轮发生剧烈碰撞，造成"大勇"轮所载638吨苯乙烯溢入海中，大量泄漏的苯乙烯对该水域所拥有的各类小黄鱼、带鱼、黄鲫、梭子蟹等渔业资源造成了不可估量的损失。① 2020年5月，深圳某石油海运集团有限公司下属船舶"616"船途经山东石岛锚地补给自用油时发现船舶右舷货油泵轴封渗漏，事后发现，该船内实际装载的货物混合芳烃与甲基叔丁基醚均为三类危险化学品，不仅涉嫌超越许可范围经营水路运输业务，而且船内泄漏的液体化学品货物甲基叔丁基醚对当地船舶停泊锚地造成重大险情。②

就船舶压舱水中的沉积物而言，根据相关统计，船舶压舱水中可能携带多种对于近海环境安全构成严重威胁的外来生物，其中涉及多种微生物与浮游生物。最具有典型性与代表性的十大外来物种为霍乱、携带水藻类生物的动物、绒螯蟹、有毒藻类、圆虾虎鱼、欧洲绿蟹、亚洲海藻、斑马贝、北太平洋海星和北美栉水母。以我国为例，我国沿海入侵物种主要以有毒藻类为主，其中甲藻类可能引发赤潮，例如，2017年在我国各海域发生68起，影响面积3679km²；2018年发生36起，影响面积1406km²；2019年发生38起，影响面积1991km²，影响海域遍及渤海、东海、黄海与南海海域，持续时间可长达1个月以上。浮游生物的种类和数量与压舱水载入国家和地区密切相关。浮游植物携带率最高的船舶压舱水载自东南亚、越南和我国台湾地区水域，浮游动物携带率最高的船舶压舱水载自日本水域。③ 由于此类浮游生物与外来物种在新环境中缺少天敌，其迅速蔓延将

① "4.17"苯乙烯泄漏污染事故案［EB/OL］. 海员之家，https：//www. 54seaman. com/news/detail_340. html.
② 山东：一油轮航经石岛避风锚地时发生汽油添加剂泄漏［EB/OL］. 上观新闻，https：//export. shobserver. com/baijiahao/html/255917. html.
③ 葛卜峰，朱耀华，孙民琴，徐宁. 我国外来船舶压舱水携带海洋生物调查研究进展［J］. 植物检疫，2013，27（02）：21.

会极大消耗原住生物的食物与饲料，严重威胁当地水文生态系统的平衡。

类似的情况还出现在船体本身附着的各类海洋污损物对于海洋环境的威胁。鉴于船舶连续数月在海上航行，可能会吸附大量海洋污损物，尤其是藤壶与福寿螺等海外物种的分泌物具有较强的黏性，如果不及时清理，放任其在船底繁殖生长，一方面，极有可能会提高船舶的航行阻力，增加航海燃油消耗，甚至对船底造成严重腐蚀；另一方面，也有可能产生外来水生生物入侵的重大安全隐患，影响本地水生物种的生存与繁殖，进而影响当地渔业养殖经济收入与民众健康。另外，为了防治船体附着海洋污损物，不少船体在涂装防污漆时添加了氧化亚铜、氧化汞等红色毒性物质。此类剧毒物质确实有利于改善藤壶类污损生物的附着，但其负面作用同样明显，即涂装具有严重毒性的防污漆可能会严重污染当地的海洋资源。

第二节　船舶油污损害、有毒有害物质泄漏与外来水生生物入侵防范的相关政策与法律法规梳理

如上文所述，本书对于船舶油污泄漏问题的研究主要围绕船舶载运货油或携带燃料的泄漏而展开；但对于有毒有害物质泄漏问题的研究不局限于船舶载运有毒有害危险化学品过程中所产生的泄漏，还涉及船舶压舱水沉积物与船底附着海洋污损物所导致的外来水生生物的入侵风险。因此，本节梳理的相关政策法规涉及船舶油污泄漏防范与赔偿、有毒有害物质运输规则以及船舶压舱水管理与船底附着物与海洋污损物清理的国际公约与国内法。

一、船舶油污损害干预与赔偿的国际公约与国内法

涉及船舶油污损害干预与赔偿的国际公约主要包括两类：第一类为船舶油污损害行政干预与应急管理的国际立法，即具有公法性质的国际公约，主要为 MARPOL 附则 I、1969 年《国际干预公海油污事故公约》与1990 年《国际油污防备、反应和合作公约》（以下简称 OPRC）；第二类为

海洋污染损害赔偿民事责任的国际立法，即具有私法性质的国际公约，其中包括 CLC 1969 及其议定书、FUND 1971 及其议定书、BUNKER 2001 等。由于上文已经对 CLC 与 FUND 进行了较为详细的介绍，本节不再赘述，本节重点介绍与阐述涉及船舶油污损害防治的公法性国际公约。

1969 年《国际干预公海油污事故公约》是国际社会应 "Torrey Canyon" 号溢油事故的发生而出台的重要国际立法。在本案中，为了减少船舶油污损失，英国政府派遣飞机将船舶残骸炸沉，从而确保船上原油充分燃烧，此举也引起了沿岸国是否有权对公海上的油污事故进行干预的争议。该公约确认了在公海上发生油污泄漏事故之后，沿海国有权在公海上采取必要的措施防止、减轻和消除油污对其海岸或有关利益造成危险。就具体内容而言，该公约明确了适用的船舶、适用的油类、适用的油污事故类型以及争议的解决方式。

OPRC 是国际社会在 "Exxon Valdez" 溢油事故发生后出台的另一部重要国际立法。在本案中，该轮因船员操纵与处置失误而在阿拉斯加附近海域搁浅并引起极其严重的环境污染，该事故对于港口国政府的应急处置与污染治理造成了严峻挑战。这也让航运界充分意识到：在国际间建立有效的油污防备、响应与合作体制对于最大限度降低油污事故损害具有至关重要的现实意义，而当前政府之前相互支援与协作沟通的缺乏不利于在溢油事故之后作出迅速反应与应急响应。就具体内容而言，该公约明确了适用的船舶、适用的油类以及适用的油污事故类型。

而涉及船舶油污泄漏干预与赔偿的国内政策与法律法规主要为国务院、交通运输部、交通运输部海事局颁布的《海洋环境保护法》《防治船舶污染海洋环境管理条例》《船舶载运散装油类安全与防污染监督管理办法》《船舶油污损害民事责任保险实施办法》《船舶油污损害赔偿基金征收使用管理办法》《船舶油污损害赔偿基金征收使用管理办法实施细则》《船舶油污损害赔偿基金理赔导则》《索赔指南》与最高院发布的《关于审理船舶油污损害赔偿纠纷案件若干问题的规定》等相关司法解释。上述法律法规与规范性文件分别从主管部门对于船舶油污泄漏的防范与干预、民事责任承担方式与赔偿范围的确定、油污损害保险与油污损害赔偿基金的设立等多个方面有效落实了相关国际公约的要求与规定。但值得一提的是，我国《海商法》并未单独设立船舶油污损害赔偿的章节。

二、船舶有毒有害物质泄漏防范与赔偿的国际公约与国内法

涉及船舶有毒有害物质泄漏防范的主要国际公约为 MARPOL 附则Ⅱ、HNS 及其议定书、《有毒有害物质污染事故防备、反应与合作议定书》（以下简称 OPRC-HNS 议定书）、《国际散装运输危险化学品船舶构造和设备规则》（以下简称 IBC Code）、《国际海运固体散装货物规则》（以下简称 IMSBC Code）、《国际海运危险货物规则》（以下简称 IMDG Code）等。

IMO 在基本解决了散装货油与燃料泄漏的相关法律问题之后，将注意力逐步转移至如何制定防治国际有毒有害物质扩散与泄漏的国际公约之上。HNS 公约主要针对船舶在运输有毒有害物质之时可能产生的泄漏等安全隐患，围绕责任主体、适用范围、归责原则、免责事由、责任的承担方式以及责任限制等问题作出特殊规定。尤为重要的是，该公约主要设定了两层赔偿机制：第一层赔偿机制要求船舶所有人对承运有害有毒物质的船舶进行强制保险；第二层赔偿机制要求有害有毒物质的进口商/收货人支付摊款，设立国际有害有毒物质基金。

OPRC-HNS 议定书旨在加强政府间船舶运输有毒有害物质等监管环节的合作与协调。IMO 在 OPRC 的基础之上强化了其在有毒有害污染事故防备、反应与合作等问题上的工作；考虑到"污染者付费"原则是国际环境法的普遍原则，将"风险预防原则"引入国际海事组织制定的各项政策之中；一旦发生有毒有害物质污染事故，要求必须采取迅速和有效的行动将该事故可能造成的损害减至最低，从而在最大限度之上弥补 OPRC 无法适用于有毒有害物质污染的局限性。

除此以外，IBC Code 是为确保海上安全运输散装危险液态化学品，由IMO 制定的关于运输此类化学品船舶的设计、构造和设备方面的强制性规定，通过明确船舶安全运输散装危险液态化学品的构造标准与设施配备，

从而将危险液态化学品对船舶、船员及环境所造成的危险减至最低。而 IMSBC Code 与 IMDG Code 则对国际海运固体散装货物与海运危险货物进行分类，针对不同类型的货物分别提出了专门的运输规则与载运标准，从而保障船舶载运危险货物和人命财产安全。上述公约的制定原则是，除非符合特定的要求，否则禁止装运海运固体散装货物与海运危险货物。

而涉及船舶有毒有害物质的国内法律法规主要为国务院、交通运输部、交通运输部海事局颁布的《海洋环境保护法》《防治船舶污染海洋环境管理条例》。上述规定明确了船舶及其有关作业活动发生有毒有害物质泄漏造成的海洋环境污染事故之后，应采取的应急处置措施（启动相应的应急预案，采取措施控制和消除污染，并就近向有关海事管理机构报告）、污染防治措施（例如装卸油类及有毒有害货物的作业，船岸双方必须遵守安全防污操作规程）、污染事故的等级（特别重大、重大、较大、一般船舶污染事故）、污染事故的调查处理（船舶污染事故给渔业造成损害的，应当吸收渔业主管部门参与调查处理）、污染事故的损害赔偿（造成海洋环境污染损害的责任者，应当排除危害，并赔偿损失）与相关的法律责任（责令停止作业、强制卸载，禁止船舶进出港口、靠泊、过境停留，或者责令停航、改航、离境、驶向指定地点）。

三、船舶压舱水管理与海洋污损物清理的国际公约与国内法

涉及船舶压舱水管理的国际公约主要为 2004 年《船舶压载水和沉积物控制和管理国际公约》(International Convention for the Control and Management of Ships' Ballast Water and Sediments, 2004)。鉴于船舶压舱水中所含污水或者外来生物入侵造成海洋污染问题越来越严重，该公约对于全球压舱水管理与控制提供了具有国际法律约束力的指引，主要对于船舶压舱水的管理和控制要求，以及压舱水管理的检验和发证分别作出了具体的规定。重要条款包括定义、一般义务、适用范围、控制有害的水生生物和病原体通过船舶压舱水和沉积物转移、沉积物接受设施、检验和发证、避免对船舶的不当延误、技术援助、合作与区域合作、信息交流与争端解决

等条款。

　　涉及船舶压载水管理的国内法为《海洋环境保护法》《防治船舶污染海洋环境管理条例》《国境卫生检疫法》。其中，《海洋环境保护法》第79条明确，"在中华人民共和国管辖海域，任何船舶及相关作业不得违法向海洋排放船舶垃圾、生活污水、含油污水、含有毒有害物质污水、废气等污染物，废弃物、压载水和沉积物及其他有害物质"。《防治船舶污染海洋环境管理条例》第15条规定，"船舶在中华人民共和国管辖海域向海洋排放的船舶垃圾、生活污水、含油污水、含有毒有害物质污水、废气等污染物以及压载水，应当符合法律、行政法规、中华人民共和国缔结或者参加的国际条约以及相关标准的要求"。《国境卫生检疫法》第18条、第78条与第109条均涉及了国境卫生检疫机关根据相应卫生标准对于船舶压舱水处理进行监督、检查与控制，对于未经消毒或者擅自排放压舱水的行为进行行政处罚。但上述并未涉及船舶因携带压舱水导致外来生物物种入侵防范的相关规定。除此以外，还有中国船级社基于《船舶压载水和沉积物控制和管理国际公约》中"船舶压载水管理计划"的要求编写的《船舶压载水管理计划编制指南》，但该指南仅仅为指导性规范，并无强制适用效力，缺乏一定的可操作性。

　　涉及船底附着物与海洋污损物清理的操作指南主要为2011年《船舶生物污染控制与管理指南》（Guidelines for the Control and Management of Ships' biofouling to Minimize The Transfer of Invasive Aquatic Species, 2011）。该指南为生物污染的管理措施提供了实践指导，通过制定船舶生物污染管理计划，对于防污系统、易受生物污染影响的船体位置进行定期检查、维修、维护和更新，在《生物污染记录簿》记录所有检查的详情和所采取的生物污染管理措施，从而最大限度地减少从船舶生物污染中转移入侵水生物种的风险。除此以外，类似的指南还有2012年《减少游艇生物附着物（船体污损）等入侵水生物种转移的指南》（Guidance for Minimizing the Transfer of Invasive Aquatic Species as Biofouling（Hull Fouling）for Recreational Craft, 2012）。相关的国际公约主要为2001年《国际控制船舶有害防污底系统公约》，但该公约颁布的初衷并非为了清除船底附着物与船舶污损，避免水生物种入侵，而是为了减少或降低船舶因采用防污底系统而对海洋环境产生的不利影响。所谓的"防污底系统"主要指用于船舶以控制和防止不利生物附着的涂层、油漆、表面处理、表面或装置。此类系统对于具有重要生态和经济价值的海洋生物（例如海产食品）可能构成严重的毒性危险和其他慢性影响，因而危害人类健康。

第三节 船舶油污损害、有毒有害物质泄漏与外来水生生物入侵防范相关政策法规存在的主要问题

立足于船舶油污损害、有毒有害物质泄漏与外来水生生物入侵风险较为严重的时代背景，梳理相关涉及船舶油污损害、有毒有害物质泄漏与外来水生生物入侵防范的相关政策法规，不难发现，相关法律法规与规范性文件在污染赔偿损害基本原则、赔偿范围以及规制路径等多个方面存在一定的思维局限与应对不足。

一、民事赔偿基本原则与责任承担方式相关规定有待细化完善

根据 CLC 1992 的规定，"……在事件发生时，或者如果该事件包括一系列事故，则在其第一次事故发生时，船舶所有人应对该船舶因此事件所造成的任何污染损害负责赔偿"。BUNKER 2001 也存在类似的规定。该条款也被学界认为普遍确立了"谁漏油，谁负责"的基本原则。但并不意味着该基本原则在司法实践与理论研究中不存在争议，尤其是因船舶碰撞而产生的油污泄漏问题，成为长期困扰法官适用法律与法院司法裁判的难点与痛点，不同专家与学者也围绕该基本原则与民事责任承担方式之间的关系等问题展开了激烈的争论。因此，涉及漏油与非漏油船损害赔偿民事责任的规定有待进一步细化与完善。其中，争论的焦点在于：就两艘船舶碰撞导致的油污泄漏与污染损失而言，漏油船与非漏油船各自应当承担何种法律责任，是由漏油船承担全部赔偿责任之后，向非漏油船追偿？还是漏

油船与非漏油船按照过错比例承担赔偿责任？抑或是漏油船与非漏油船共同承担连带责任？经总结，主要存在以下四种不同的观点。

第一种观点认为，船舶油污泄漏的赔偿应遵循无过错责任原则，向漏油方追偿全部的赔偿责任，在漏油方进行赔付之后，再根据碰撞的过失责任比例向非漏油方进行追偿。① 在司法实践中，将碰撞法律关系与油污法律关系分开处理，先判决漏油船直接承担污染损害，再按两船碰撞的过失比例确定碰撞责任，既便于厘清法律关系，分清法律责任，也便于及时审理，不会因船舶碰撞纠纷的审理而不能及时判决赔偿油污受害人。② 早期有不少判决支持此种漏油船舶先予赔偿的原则，将漏油船视作污染源的基础。例如1998年广州海事法院审理的"津油6"油轮污染案，尽管柴油的泄漏是由于船舶碰撞导致，但污染源是"津油6"油轮泄漏的柴油，应由该船舶所有人承担全部赔偿责任。综上，最高人民法院2005年《海事审判会议纪要》也支持了此种观点。第二种观点认为，互有过失的船舶因发生碰撞造成一方或双方船舶漏油污染海洋环境，造成第三人受损，已构成共同侵权行为，理应按照民法的相关规定承担连带责任；并且由于环境污染属于特殊侵权行为，受害人只需证明发生了碰撞事故并造成了污染损害结果即可，而无须证明碰撞船舶之间对污染的发生是否存在共同的侵权意识。③ 第三种观点认为，从广义上讲，油污损害应当属于我国《海商法》第169条第2款规定的碰撞造成的"第三人财产损失"，因此，碰撞船舶双方对油污损害应按照过错责任比例承担赔偿责任。如在"闽燃供2"号轮的上诉案中，广东省高级人民法院就认为应由碰撞两船的船舶所有人按照过错责任比例承担赔偿责任。第四种观点认为，为保护油污受害人的合

---

① 吴莉婧. 论船舶碰撞造成的油污损害赔偿［J］. 中国海洋大学学报（社会科学版），2003（03）：61.

② 余晓汉. 船舶互有过失碰撞所致油污损害的责任主体［J］. 中国海商法年刊，2000（00）：204.

③ 司玉琢，李志文. 中国海商法基本理论专题研究［M］. 北京：北京大学出版社，2009：620-621.

法权益，可以考虑允许受害人向非漏油船所有人索赔，但只能向非漏油方索赔该船的过失比例部分。然而，不能认为非漏油船承担的是连带责任。可以通过漏油方将其向非漏油方追偿的诉权转让给油污受害人的途径解决，也可以在将来立法中通过法定代位的方式，从而确保油污受害人有权向碰撞的另一方（非漏油方）索赔该方应承担的碰撞过失比例部分。①

而在最高人民法院再审的"达飞佛罗里达"轮案中，法院判决一方面确认了漏油船作为责任主体对案涉防污清污费承担全部赔偿责任；另一方面也认为，"谁漏油，谁负责"的原则是关于漏油船舶所有人承担责任的正面表述，但不能由此反向推断其他任何人不应当负责，该条款并无排除其他责任人的含义，不意味油污损害索赔权利人不能直接请求其他责任人赔偿。非漏油船舶一方的污染损害赔偿责任承担问题应当根据有关国家的国内法予以解决。最终，最高院根据《侵权责任法》与《最高人民法院关于审理环境侵权责任纠纷案件适用法律若干问题的解释》，将"舟山"轮所有人认定为具有过错的第三人，应按50%过错比例承担污染损害赔偿责任。综上，最高院的再审判决坚持，原则上污染者负全责，另有过错者相应负责。从某种意义上讲，最高院的判决结果、审判依据与第四种观点较为接近。但最高院判决生效之后，依然引起了来自实务界与理论界的质疑以及争议，并且该观点尚未落实为相关法律法规，或者转化为相应司法解释。

对于有毒有害物质泄漏民事责任的认定有着同样类似的困境与障碍。HNS公约借鉴了CLC的立法体例，明确"事故发生时的所有人应对船舶海上运输的任何有害有毒物质造成的损害负责"。那么，对于互有过失的两船碰撞之后发生有毒有害物质的泄漏，应当由泄漏船承担全部的民事赔偿责任，还是由泄漏船与非泄漏船各自按过错比例承担赔偿责任，抑或是连带责任？相关法律规定依然尚待明确。除此以外，尽管公约本身并未对

---

① 韩立新，司玉琢. 船舶碰撞造成油污损害民事赔偿责任的承担 [J]. 中国海商法年刊，2003（00）：217.

"有毒有害物质"下一个清晰的定义，但还是厘清了其外延，例如，MARPOL、IMDG Code、IBC Code、IMSBC Code 等国际公约均列明了"有毒有害物质"的类型与范围。但是如果发生较为复杂的情形与更为严重的污染事故，两艘船舶发生碰撞之后同时泄漏了属于公约调整范围的有毒有害物质，以及不属于公约调整范畴的污染物，例如，在船舶碰撞发生之后，产生了有毒有害物质与货油或燃油泄漏的混合型污染，在此种前提下，又该如何确定各自的赔偿责任？

就外来水生生物入侵风险的防范而言，关于船舶所有人的民事赔偿责任问题更为突出，由于当前涉及船舶压舱水管理与船底附着物清理的国际民事责任公约严重缺失，因此，对于外来水生物种产生的相关损失，应由哪一方主体承担相应的民事赔偿责任？承担民事责任的基本原则与归责原则是什么？如果涉及两方以上的主体，各自应承担民事责任的主要方式又是什么？上述问题至今尚未在理论界与航运界获得正面的回应。结合海洋环境污染的实际情况与发展趋势，由于外来水生物种对于本地生物多样性与海洋生态环境的影响具有隐蔽性与长期性的特征，难以在短期内确定污染源头与影响范围。因此，一方面，难以确定相应的责任主体，即在众多船舶之中究竟是哪一艘引起了外来水生物种的入侵风险，是单独造成的还是共同导致的？影响的程度与波及的范围究竟有多大，遵循何种归责原则，是严格责任还是过错责任？另一方面，也难以确定相应的索赔主体，有权向污染方提出索赔的主体包括了哪些？是国家海洋生态环境主管部门，还是渔业养殖者，或是旅游业的从业人员？上述主体主张损失的法律依据是什么？是否能够照搬适用 CLC 或 HNS 中涉及责任限制、油污基金或者有毒有害物质基金的规定，从而要求货主分摊？上述问题同样亟需在未来国际规则制定与国内立法进程中予以重视。

二、民事损害赔偿范围与责任边界尚需进一步厘清

长期以来，船舶油污损害赔偿范围的认定始终是学术界与航运界具有重大争议的热点问题，在司法实践之中也面临诸多挑战。不可否认的是，

这与当前国际公约与国内法律法规未能厘清船舶油污损害的责任边界与赔偿范围紧密相关。鉴于海洋环境污染损失鉴定的技术性与专业性较强，船舶油污损害结果与影响范围究竟有多大，造成的损害是短期还是长期，是否能够及时修复与彻底清除，应在科学论证与全面监测之后才能作出综合研判；船舶污染行为与环境损害结果之间是否存在因果关系，是直接影响还是间接影响，是单独引起还是共同造成，同样应当在经过充分调查与系统分析之后才能作出合理判断。因此，在立法上应当明确船舶污染损害赔偿的基本类型与主要范围。

根据侵权法的基本理论，根据侵权行为与损害后果之间的关系，侵权行为所造成的损失包括直接损失、间接损失与纯粹经济损失三种。具体到船舶油污损害赔偿的现实语境下，直接损失相对容易确定，一般是指船舶清污与应急处置的费用、海洋环境修复费用以及环境损害的索赔等由于海洋环境污染的发生而产生的合理费用与直接损失。根据 2011 年最高院《关于审理船舶油污损害赔偿纠纷案件若干问题的规定》，船舶油污损害赔偿的范围涉及"为防止或者减轻船舶油污损害采取预防措施所发生的费用，以及预防措施造成的进一步灭失或者损害"以及"对受污染的环境已采取或将要采取合理恢复措施的费用"。例如，在 2012 年"山宏 12"轮沉没溢油事故中，法院将已实际发生船舶费、人工费、后勤保障费、设备物资费、污染物处置费、交通工具费、管理费认定为直接损失。① 根据 2013 年国际油污赔偿基金（IOPC FUND）颁布的《关于国际油污赔偿基金组织索赔手册》（IOPC Fund Claim Manual）（以下简称《索赔手册》）中关于可接受索赔请求的表述，基于直接损失而产生的索赔请求包括了清除、防治油污损害所需费用的索赔以及基于财产损害的索赔。其中，前者包括了对容易遭受油污侵害的资源（如动植物赖以生存的易受侵害的沿海环境、需要引入海水的工厂、进行海产品养殖的设备和游艇码头）进行保护的措施、清洁海岸以及沿岸装置的措施和处理已回收的油污、油类废物的措施

---

① 参见（2016）沪 72 民初 66 号。

所支付的清污费用；后者包括了油类污染所造成的船体、游艇、渔具和海上养殖设施等污染损害。类似的规定在我国交通运输部海事局发布的《索赔指南》（2018 年修订版）中也有所体现。

但难点在于间接损失与纯经济损失的认定，相比直接经济损失，海商海事案件中关于间接经济损失的认定与纯经济损失的赔偿始终是困扰司法界、理论界的难点与痛点；换言之，直接损失、间接损失与纯经济损失之间的界限至今尚未彻底厘清，间接经济损失与纯经济损失是否完全属于损害赔偿的范围同样尚未形成定论。在海运合同类纠纷之中主要体现为迟延交付货物所引起的间接损失的认定，例如 2021 年"长赐轮搁浅案"导致的航行延迟所引起的货物索赔可能包括迟延交付货物所产生的违约损失、利息损失与行市损失等；在海上环境侵权类纠纷之中主要体现为船舶油污泄漏所引起事发海域所在地的旅游业、水产养殖业等海洋环境污染与收入降低等纯经济损失的确定。从 1969 年"Torrey Canyon"轮在英吉利海峡触礁到 2020 年日本"若潮"号油轮在毛里求斯海域搁浅，在对当地生态环境产生严重影响的同时，引起的经济损失也难以估量。引起此种现象的原因可以归结为：当前，海商海事立法以及相关司法解释在间接损失与纯经济损失的认定方面存在一定的不足与缺失。

具体而言，交通运输部海事局颁布的《索赔指南》与最高院发布的司法解释对于赔偿范围与环境损失的认定主要立足于直接因果关系的视角，仅仅承认直接经济损失，基本不承认间接损失与纯粹经济损失。例如，最高院司法解释认定索赔依据主要是渔业与旅游业的收入损失与污染损害结果之间是否具有"直接因果关系"，该解释第 14 条规定，"海洋渔业、滨海旅游业及其他用海、临海经营单位或者个人请求因环境污染所遭受的收入损失，具备下列全部条件，由此证明收入损失与环境污染之间具有直接因果关系的，人民法院应予支持……"交通运输部海事局颁布的《索赔指南》旨在为渔业与旅游业等直接经济损失的理赔提供指引，同样不支持间接经济损失的索赔，该指南明确指出，"基金不赔偿或者补偿渔业、旅游业等相关行业的利润损失、间接经济损失，如渔民由于其网具遭受油污污染，在网具清洗或更换期间因无法捕鱼而遭受收入减少的损失；又如开设在海滨旅游景点的洗衣店，周边酒店及景点的游客是其主要客源，船舶油污损害发生后游客人数下降而遭受的收入减少的损失"。

根据侵权法理论，间接损失与纯经济损失都是因侵权行为而以间接的形式产生的损害结果与经济损失，但两者产生的前提不尽相同。其中，间接损失主要是指可得利益的丧失，即未来财产的减损，应获得的利益因受侵权行为的影响而无法取得，包括因财产损害而产生的间接损失，主要包括利润损失或孳息损失。① 具体到航运领域，间接损失强调以受害人的财产遭受损失为前提而产生的经济损失，如渔民的渔网、渔船等被污染，沿海渔业从业者在渔具更换或清污期间无法捕鱼，其所遭受的利益损失就是一种间接损失。而纯经济损失主要是指受害人直接遭受的经济上的不利益或金钱上的损失，是加诸受害人整体财产上的不利益。较为典型的案例为会计师事务所为某上市公司出具的年度财务会计报告存在夸大公司业绩等重大不实陈述的情形，导致购买该公司的股民遭受严重经济损失。又例如，某施工单位在工厂附近进行道路挖掘施工，因施工人员操作失误与疏忽大意损坏了电缆，导致工厂因停电无法营业而产生的利润损失。具体到航运领域，纯经济损失更强调受害人所有或使用的财产虽然没有被侵害但遭受了收入减少的损失。例如，船舶发生溢油事故之后污染了沿海海域，严重破坏了当地渔业资源，导致渔业养殖户收入骤减；沿海生态环境的污染也严重影响了海滩旅客数量，导致海域附近宾馆、饭店与游艇等旅游从业者收入损失。

追根溯源，纯经济损失原本属于英美法国家对于财产损失性质认定的范畴，这一概念自从被学术界提出以来，围绕纯经济损失产生的争议始终未能平息。作为间接损失的一种类型，纯经济损失在英美法系与大陆法系中形成两种截然不同的发展路径。英美法系对于纯经济损失的认知已经从

---

① 韩立新. 海洋环境侵权中纯经济损失的赔偿问题研究 [J]. 法学杂志，2008 (06)：56.

单纯的学术研究发展到了逐步运用于司法实践，并且形成了"纯经济损失不予赔偿"的一般裁判性原则，以防止原告滥诉可能过度增加被告赔偿负担。基于"洪水之门"（floodgate）理论，英美法坚持"排除规则"（exclusionary rule），即对于案件涉及纯经济损失一律排除在可赔偿的损失范围之外，理由是纯经济损失认定的不确定性会导致诉讼洪水的泛滥，造成司法资源不堪重负，① 即缺乏统一的裁判标准不利于个案的公正和整体司法裁判的稳定。美国 1990 年《油污法》（以下简称 OPA 1990）法案颁布前，美国法院对于海事海商案件中的纯经济损失部分基本持否定态度。有少数法官主张将纯经济损失定性为惩罚性损害赔偿对受害者进行充分救济，但多数意见不予接受。但"Exxon Valdez""Robin's Dry Dock""Deepwater Horizon"等案件的陆续发生对上述判例法所坚持的理念提出了挑战，船舶污染引起纯经济损失的危害性与严重性也逐渐引起了法官的重视。基于上述案件，美国判例法确立的"Robins Dry Dock Rule"和"Bright-Line rule"均表明，没有财产利益实体损害的纯经济损失将无法通过海事侵权法予以补救，但是对商业渔民的损害赔偿是上述规则的例外；法官以预见可能性原则对侵权人的注意义务进行解释，从而支持了渔民的纯经济损失诉权。② 可见，只有在判例法体系下，围绕纯经济损失的讨论才具有意义，支持纯经济损失的索赔有利于统一司法裁判尺度。OPA 1990 更是明确，"所有索赔人因可通航水域发生的污染物泄漏或重大威胁而遭受的'不动产、动产或自然资源的损害、破坏或因损害导致的利益损失，以及经营能力的减损'等经济性损失可以恢复"。因此，美国法院在适用 OPA 1990 相关规定之时，可以适用"近因原则"对船舶污染所引起的纯经济损失予以认定。

而在我国立法中，没有出现"纯经济损失"的概念。在司法实践中，法院主要根据侵权法基本理论对纯经济损失是否成立应予以认定与识别。

---

① 聂鑫. 我国纯粹经济损失的立法构建 [J]. 求索，2016（05）：53.

② 董春华. 论油污损害中渔业损失性质之界定 [J]. 河北法学，2020，38（11）：99.

换而言之，只有当损失与加害行为之间存在直接因果关系，基于纯经济损失索赔才有可能获得法院的支持。由此也可能导致司法裁判之中出现不一致的结果。部分判决结果对于此类损失不予支持，例如，2010 年 5 月 2日，在利海公司所属的"世纪之光"轮与"海盛"轮碰撞案中，大量船舶燃油溢出严重污染了周边海域。对此，法院认为，原告主张的渔业资源损失指的是鱼卵、仔稚鱼和游泳生物的直接损失，不属于对物权侵害造成的损失，且其所有权也不属于任何人所有，该损失不属于《最高人民法院关于审理船舶油污损害赔偿纠纷案件若干问题的规定》第 9 条第（二）项规定的财产损害，也不属于第（三）项所规定的纯经济损失。最终，法院对渔业局主张的该项损失不予认定，仅仅认可为恢复渔业资源采取措施支出的费用索赔。① 但部分判决结果支持纯经济损失索赔，例如，在珠海炳君水产品有限公司、夏天海运有限公司船舶污染损害责任纠纷案中，法院认为原告主张的养殖损失属于《最高人民法院关于审理船舶油污损害赔偿纠纷案件若干问题的规定》第 9 条第（三）项规定的"船舶油污事故造成该船舶之外的财产损害以及由此引起的收入损失"，主要依据加害行为与结果之间的因果关系，并非依照损失本身的性质认定原告主张的养殖场电费支出和工人工资在法理上均属于纯经济损失。②

　　类似的问题也体现在对于船舶泄漏有毒有害物质所引起损害范围的厘清，以及外来水生物种入侵风险所产生经济损失的认定，即有毒有害物质泄漏所引起的损失类型具体包括哪些，外来水生物种的经济损失可能有多大？上述问题不仅在相关立法中无法找到明确依据，相应司法解释与《索赔指南》也无法提供有效指引；能否参照油污损害赔偿的司法解释与索赔指南的规定对于有毒有害物质泄漏与外来水生物种入侵所引起的直接损失、间接损失乃至纯经济损失作出划分并予以认定？相比船舶油污泄漏的责任范围，有毒有害物质泄漏与外来水生物种入侵的责任边界是否存在重

① 涉外海事海商典型案例［EB/OL］. 搜狐网，https：//www.sohu.com/a/125372629_355187.
② 参见（2015）广海法初字第 950 号。

合之处？是否存在差异之处？上述问题应在理论研究中予以充分思考，并在司法实践中开展深入探索。

三、污染治理方式与行政处罚依据存在进一步完善空间

当前，我国已加入了涉及船舶油污干预与泄漏防范的相关国际规则与国际公约，例如 MARPOL、OPRC 等。国务院、交通运输部、交通运输部海事局也陆续颁布了《海洋环境保护法》《防治船舶污染海洋环境管理条例》《船舶载运散装油类安全与防污染监督管理办法》《海上交通安全法》等涉及相关船舶防污染法律法规与部门规章。总体而言，我国已经在船舶污染的公法治理领域形成了较为完备的法律体系与完善的制度规范。但若经过仔细梳理与系统分析，不难发现，涉及船舶污染防治的行政处罚依据与污染治理方式依然存在进一步完善的空间，部分法律法规之间甚至存在一定的冲突与对立之处。

以《海上交通安全法》为例，2021 年 4 月，修订后的《海上交通安全法》正式颁布，于 9 月 1 日正式实施。作为我国航运业的四大龙头法之一，《海上交通安全法》以设定海上交通航行安全标准为手段，对于船舶检验和等级、航行、停泊和作业规范、安全保障、危险货物运输、船员配备、航运公司安全营运管理体系、海上搜救、海上交通事故调查处理及相关法律责任作出了强制性规定。就立法主旨与基本原则而言，新法部分规则着重突出海事管理机构在海洋环境保护领域的职能与分工。近年来，我国沿海发生的"康菲公司钻井平台"油污损害与"桑吉"轮漏油事故充分证明：沿海海洋环境的保护亟须我国海事主管部门的事前干预与提前防范。从某种意义上讲，"海洋环境保护"也属于广义上"海上交通安全维护"的范畴。[1] 例如，该法将"海上险情"界定为，对海上生命安全、水域环境构成威胁，需立即采取措施规避、控制、减轻和消除的各种情形；

---

[1]　事实上，在海洋环境保护领域，海事局已经在日常执法过程中逐步开展了专项治理与常态化治理，此次新法的出台更加明确了其执法权能与职责范围。

将"危险货物"认定为国际海上危险货物运输规则和国家危险货物品名表上列明的易燃、易爆、有毒、有腐蚀性、有放射性、有污染危害性等，在船舶载运过程中可能造成人身伤害、财产损失或者环境污染而需要采取特别防护措施的货物。

就具体条款而言，该法第 7 条"船方承担的基本义务"、第 11 条"建立防治船舶污染管理体系"、第 19 条"海上交通功能区的划定"、第 48 条"取得海上施工作业许可的条件"、第 53 条"外国籍船舶的无害通过"、第 65 条"在港口水域外从事散装液体危险货物过驳作业的船舶取得海事管理机构许可的条件"、第 66 条与第 74 条"海上搜寻救助的基本原则"、第 91 条"港口国监督规则"、第 117 条"海上险情"与"危险货物"的定义均在不同程度上体现了"海洋环境保护"这一要素。总体而言，该法加强了海事局对于海洋环境污染监督职能与处罚权能。

就监督方式而言，该法规定，海事管理机构根据海域的自然状况、海上交通状况以及海上交通安全管理的需要，可以划定各种海上交通功能区，并征求渔业渔政、生态环境、自然资源等有关部门的意见；国务院交通运输主管部门为维护海上交通安全、保护海洋环境，可以会同有关主管部门采取必要措施，防止和制止外国籍船舶在领海的非无害通过；船舶、海上设施对港口安全具有威胁的，海事管理机构应当责令立即或者限期改正、限制操作，责令驶往指定地点、禁止进港或者将其驱逐出港；存在其他严重危害海上交通安全、污染海洋环境的隐患的，海事管理机构应当根据情况禁止有关船舶、海上设施进出港，暂扣有关证书、文书或者责令其停航、改航、驶往指定地点或者停止作业。

就监督范围而言，该法要求从事船舶、海上设施航行、停泊、作业以及其他与海上交通相关活动的单位、个人承担维护海上交通安全和保护海洋生态环境的义务。船舶所有人、经营人或者管理人应在日常经营活动中建立并运行安全营运和防治船舶污染管理体系。在我国海域取得海上施工作业许可具有符合海上交通安全和防治船舶污染海洋环境要求的保障措施、应急预案和责任制度。船舶、海上设施从事危险货物运输或者装卸、过驳作业，应当编制作业方案，遵守有关强制性标准和安全作业操作规程，确保过驳作业对海洋资源以及附近的军事目标、重要民用目标不构成威胁。遇险的船舶、海上设施及其所有人、经营人或者管理人应当采取有效措施防止、减少生命财产损失和海洋环境污染。

相比之下，《防治船舶污染海洋环境管理条例》中的部分规定已过时，且与《海上交通安全法》的规定存在一定差异，是否依然具有法律效力尚存疑。

第一，《防治船舶污染海洋环境管理条例》第 14 条规定，船舶所有人、经营人或者管理人以及有关作业单位应当制定防治船舶及其有关作业活动污染海洋环境的应急预案，并报海事管理机构批准。港口、码头、装卸站的经营人应当制定防治船舶及其有关作业活动污染海洋环境的应急预案，并报海事管理机构备案。但在《海上交通安全法》下，无论是船员境外突发事件应急预案、防治船舶污染海洋环境的应急预案，还是危险货物应急处置预案，抑或散装液体危险货物过驳作业应急预案，均不需要经海事行政主管部门批准或备案。执法依据的不一致可能直接导致航运实践的混乱，即船舶公司制定防治船舶污染海洋环境的应急预案是否需要经过海事局批准或备案存在一定争议。

第二，《防治船舶污染海洋环境管理条例》第 45 条规定，组织事故调查处理的机关或者海事管理机构根据事故调查处理的需要，可以暂扣相应的证书、文书、资料；必要时，可以禁止船舶驶离港口或者责令停航、改航、停止作业直至暂扣船舶。第 56 条还规定，船舶、有关作业单位违反本条例规定的，海事管理机构应当责令改正；拒不改正的，海事管理机构可以责令停止作业、强制卸载，禁止船舶进出港口、靠泊、过境停留，或者责令停航、改航、离境、驶向指定地点。比较该条例与《海上交通安全法》的相关规定，不难发现，两者在措辞上存在一定的差异。该条例将暂扣相应证书与文书作为一种调查手段，但是《海上交通安全法》将暂扣相关证书与文书作为一种管制措施。《海上交通安全法》中"驱逐船舶出港"的表述与条例中"责令其离境"的措辞相比，强制性色彩与管制性意味更重，在航运实践中如何落实尚待进一步观察。另外，该条例中还存在"暂扣船舶""强制卸载"等相关调查方式与强制举措，而《海上交通安全法》中缺乏相对应的监管措施。因此，监管路径的不一致同样有可能造成船舶污染执法的困境，在船舶污染对于海洋环境构成严重威胁之时，海事局究竟应依据《防治船舶污染海洋环境管理条例》还是遵循《海上交通安全法》的相关规定开展执法存在一定的争议。

第三，《防治船舶污染海洋环境管理条例》第 68 条对于船舶发生污染事故之后，船舶与有关作业单位发生瞒报、谎报事故的法律责任与处罚机制作出了明确的规定，"对船舶、有关作业单位，由海事管理机构处 25 万元以上 50 万元以下的罚款；对直接负责的主管人员和其他直接责任人员，由海事管理机构处 5 万元以上 10 万元以下的罚款。直接负责的主管人员和其他直接责任人员属于船员的，并处给予吊销适任证书或者其他有关证件的处罚"。但《海上交通安全法》第 110 条主要围绕"船舶、海上设施遇险或者发生海上交通事故后未履行报告义务，或者存在瞒报、谎报情形"，根据违法主体的不同与违法情节的轻重，创设了相应的惩戒规则，"由海事管理机构对违法船舶、海上设施的所有人、经营人或者管理人处三千元以上三万元以下的罚款，对船长、责任船员处二千元以上二万元以下的罚款，暂扣船员适任证书六个月至二十四个月；情节严重的，对违法船舶、海上设施的所有人、经营人或者管理人处一万元以上十万元以下的罚款，吊销船长、责任船员的船员适任证书"。比较《防治船舶污染海洋环境管理条例》与《海上交通安全法》的相关规定，不难发现，就事故责任人在船舶污染事故发生之后的通报义务而言，两法在处罚前提、处罚对象、处罚幅度与处罚金额等诸多方面存在较大差异，前者设定的处罚幅度与处罚金额更高，而后者关于处罚前提与处罚对象的规定更为细致。除此以外，《海上交通安全法》第 105 条围绕船舶与海上设施未经许可或未经许可要求进行海上施工作业的法律责任，第 107 条围绕外国籍船舶进出中华人民共和国内水、领海违反本法规定的法律责任作了特殊规定；相比之下，

《防治船舶污染海洋环境管理条例》却未创设海上施工作业与外国籍船舶无害通过的特殊处罚机制，仅仅设定了一般适用的条款，"船舶的结构不符合国家有关防治船舶污染海洋环境的技术规范或者有关国际条约要求的，由海事管理机构处 10 万元以上 30 万元以下的罚款"。那么，《海上交通安全法》创设的上述惩戒机制能否完全适用于船舶违法造成海洋生态环境污染的情形，海事局究竟应适用作为一般法的《海上交通安全法》还是适用作为特殊法的《防治船舶污染海洋环境管理条例》作出相应行政处罚？

第四节　完善船舶油污损害、有毒有害物质泄漏与外来水生生物入侵防范相关政策法规的对策建议

一、细化明确民事赔偿基本原则与责任承担方式

如上文所述，对于船舶碰撞而导致油污民事责任的认定，最高院"达飞佛罗里达"再审判决推翻了宁波海事法院一审与浙江高院二审的判决结果，结合了国际公约、国内法与相关司法解释的规定，提出"原则上污染者负全责，另有过错者相应负责"；但是上述判决思路、判决理由与判决结果在理论界依然引起了较多争论，相关争议依然未能平息，不少学者从历史渊源、文本解释以及国内法与国际公约适用关系等角度提出了各自的看法。有学者认为，此判决改变了油污法"谁漏油谁赔偿"的基本原则，改变了非漏油方只承担碰撞责任、不承担油污责任的碰撞法律规定。[①] 有学者认为，漏油船才是污染的源头，应当由漏油船承担污染损害赔偿责任，我国《关于审理船舶油污损害赔偿纠纷案件若干问题的规定》第 3 条

---

① 司玉琢，吴煦. "谁漏油谁赔偿原则"的历史考证及其在碰撞事故中的运用 [J]. 中国海商法研究，2022，33（01）：10.

的规定也体现了"谁漏油，谁赔偿"原则，在漏油船向受害者承担赔偿责任后，再由其按照碰撞责任比例向非漏油船追偿。① 但也有学者认为，实际上，"谁漏油，谁赔偿"只是学术界的一种规律性的总结，而不应当作为一项法律原则，不必然能够推导出 CLC 设立的"谁漏油，谁赔偿；不漏油，不赔偿"之原则。②

对此，笔者认为，考虑到在碰撞事故发生之后，漏油船可能面临清偿能力不足甚至破产的困境，无论船舶碰撞事故的起因是单方责任还是双方责任，也无论该油污损失是否能够合理区分，碰撞双方应在遵循严格责任的基础之上承担连带责任。解读 CLC 1992 第 3 条，其仅仅规定了船舶所有人应对污染损害承担责任，但并没有明确碰撞双方应承担的责任形式，对此，应当解读为碰撞双方根据油污责任的比例对外承担连带责任，再进行内部追偿。所谓的"谁漏油，谁负责"应置身于"内部追偿"的环境下进行理解，油污受害方可以向碰撞船舶的任意一方索要 100%的赔偿额。此番法律解释能最大限度地保障油污事故受害者的利益，有利于更好地对公共利益进行保护。③

这一观点也在交通运输部与国务院法制办合作编写的《中华人民共和国防治船舶污染海洋环境管理条例释义》中获得了支持。该释义对于 2009年颁布的《防治船舶污染海洋环境管理条例》第 50 条"责任人应对海洋环境损害承担赔偿责任"进行了解读，结合当时《民法通则》以及《海洋环境保护法》的规定，认为本条例对于海洋环境的污染，包括油污泄漏的损害采用严格责任原则，无论何种原因造成海洋环境污染，无论当事人是

① 帅月新，王燕翎. 船舶油污事故中行政责任和民事责任之辨析——以"达飞佛罗里达"轮船舶油污事故为例 [J]. 世界海运，2020，43（05）：54.

② 张春昌，帅月新. 船舶碰撞溢油污染损害赔偿责任认定的法律问题——以"达飞佛罗里达"轮与"舟山"轮碰撞污染事故应急处置费用纠纷案的再审为例 [J]. 中华海洋法学评论，2020，16（03）：85-86.

③ 蒋正雄. 中国海商法研究：下册 [M]. 上海：上海社会科学院出版社，2004：734.

否存在过失，只要受害人发生了损失与损害，并与海洋环境损害结果之间存在因果关系，该责任人就应承担法律责任。重点就在于责任人范围的确定上，该释义认为目前司法与实务界的普遍观点是，"若中华人民共和国管辖海域内因船舶碰撞造成海洋环境污染损害的，碰撞船舶所有人应承担连带赔偿责任"。因此，本条中的"责任者"包括漏油船舶的船舶所有人、非漏油船舶的船舶所有人以及其他应对海洋环境污染损害承担责任的当事人，且他们对外承担的是连带赔偿责任。换句话说，对于超出其过失比例而承担的赔偿金额，漏油方可以在承担全部赔偿责任之后向非漏油方追偿。但需要注意的是，该释义并非司法解释、部门规章或是其他立法性文件，因此不具有法律效力，仅代表实务部门对于防污条例的观点与解读。因此该释义所产生的效应究竟多大，在多大程度上能够为法院所援引并得到确认，依然有待时间的检验。鉴于我国《海商法》尚未对船舶油污损害民事责任作出专门规定，建议在未来新增设的"船舶油污损害赔偿责任"章节中将该释义的精神予以落实。

就有毒有害物质而言，笔者建议同样应借鉴油污损害民事赔偿的理念。对于两船碰撞而导致的有毒有害物质的泄漏，要求事故责任方依据严格责任原则承担相应的赔偿责任；同时，要求碰撞双方对于受害方承担连带责任，无论该有毒有害物质是单船泄漏还是多船泄漏，无论两船所引起的污染损失是否能够合理区分，无论是否发生有毒有害物质与油污同时泄漏的混合型污染。站在民法"共同侵权"的理论视角，数人侵害他人的权利无论是从侵权行为的危害性上还是侵权人的数量上，其社会危险程度显然是远远超过一般侵权行为的，对受害人所造成的损害更重。法律明确所有参与共同侵权的人，无论是实行人还是教唆人与帮助人，均应对受害人承担连带责任。这种赔偿原则无疑是出于对受害人保护的考虑，使其处于非常优越的位置，充分保障了其损害赔偿请求权，只要能够找到其中一个共同加害人或者某个加害人还具有赔偿的能力，就能保证实现完全的受偿，从而避免了共同侵权人共同分担责任，在其中若干加害人无力赔偿之时，受害人的损害赔偿请求权无法得到充分保证的弊端。应当说，这是确立共同侵权行为制度的立法主旨。① 在当今全球航运发展的时代背景下，承运人责任逐步加重。因此，碰撞双方承担侵权法意义上的"连带责任"符合历史发展趋势与立法目的。上述建议同样应在未来《海商法》增设的"船舶运输有毒有害物质污染损害赔偿责任"章节之中予以落实。

对于外来水生物种入侵风险，应效仿船舶油污损害与有毒有害物质泄漏的规定，建立完善的民事责任体系。就基本原则而言，同样应在立法之中确立"谁污染，谁负责"的重要理念。但考虑到外来水生物种入侵的原因具有复杂性与多样性的特点，所产生的损害结果与影响范围也难以预料，因此，难以确定本地水生物种的灭绝是否由船方管理压舱水不当直接或间接引起，也难以确定港口海域海洋资源的损失是否由船方未能清除船底污损物单独导致或者多种因素共同引起的。若不论船舶所有人是否具有过错，一律要求其承担全部赔偿责任未免不公，因此，从民事责任承担方式的角度进行反思，船舶所有人不应对外来水生物种的入侵损失承担严格责任。应当将外来水生物种的入侵视作特殊的环境侵权，要求污染方遵循过错推定原则，实施举证责任倒置。一方面，污染方应举证证明自身在清理压舱水沉积物与清除船底污损物等相关方面不存在过错，已经根据《船舶压载水和沉积物控制和管理国际公约》《海洋环境保护法》《防治船舶污染海洋环境条例》《国境卫生检疫法》等国际公约与国内法的规定对船舶压舱水进行监督、检查与控制；或者依据《船舶生物污染控制与管理指南》《国际控制船舶有害防污底系统公约》对于防污系统、易受生物污染影响的船体位置进行定期检查、维修、维护和更新，采取必要的生物污染管理措施，避免从船舶生物污染中转移入侵水生物种的风险；另一方面，根据《民法典》第 1230 条的规定，就法律规定的不承担责任或者减轻责

---

① 王利明，房绍绅，王轶. 合同法——21 世纪法学系列教材［M］. 北京：中国人民大学出版社，2004：821-822.

任的情形及其行为与损害之间不存在因果关系承担举证责任；即尽管船方未经消毒或者擅自排放压舱水，或者没有对船底进行定期清理，但该行为没有引起外来水生物种入侵与泛滥的可能性、未到达物种入侵发生地、物种入侵损失已在污染排放之前发生等。受害人仅须承担初步的举证责任，即举证证明外来水生物种入侵事实以及污染损害结果的存在，而无需证明两者之间是否存在直接或间接的因果关系。

如果外来水生物入侵与本地海洋资源的损失是由多方造成的，则应反思与审视具体的原因有哪些。是船舶碰撞而导致的压舱水泄漏，还是多艘船舶压舱水管理不当或船底污损物处置不及时等各种因素叠加与各种原因累加所引起的？如果是前者，应当由碰撞双方依然对受害人承担连带责任，但不影响各自按照过错比例向对方追偿超出本应赔偿的份额；如果是后者，那么应该按照过失比例与过错大小承担相应的赔偿责任，建议可以参照《民法典》第 1231 条的规定，根据污染物的种类、浓度、排放量、破坏生态的方式、范围、程度，以及行为对损害后果所起的作用等因素确定各自的过失比例与过错大小。就索赔的主体而言，应包括国家海洋生态环境主管部门、渔业养殖者以及旅游业的从业人员等利益相关主体；其主张污染损失的法律依据应为《海洋环境保护法》关于环境损害民事赔偿或者《民法典》涉及环境侵权的相关规定。就外来水生物种所引起污染的赔偿数额而言，笔者认为可以借鉴 CLC 或 HNS 中关于责任限制的规定，根据不同的船舶吨位设定相应的责任限制，责任限制金额可以略低于船舶泄漏有毒有害物质所享有的责任限额；并且，原则上，只要船舶所有人不存在故意或者重大过失（明知可能造成损害后果但依然轻率地作为或者不作为），即可援引责任限制制度；反之，如果船东存在故意行为，例如将未经消毒的压舱水擅自排放入海或者长期未对船底进行检验与清理，受害人可以根据《民法典》第 1032 条的规定，考虑要求船东承担惩罚性赔偿，视其违法违规行为的轻重、过错的程度与影响范围的大小，以海洋生态环境修复、海洋渔业资源损失、应急处置及检测、鉴定费用的两倍到十倍为限。

但不应效仿 FUND 涉及油污赔偿基金设立与 HNS 涉及有毒有害物质赔偿基金创设的相关规定，设立外来物种入侵损害赔偿基金；考虑到船舶压舱水管理与船底附着物清污属于船东日常营运、检查、维护与管理的范畴，此项工作与船舶本身运输货物的类型与数量并无关联，因此，因船舶在营运与航行过程中所产生的外来水生物种入侵与本地海洋资源损失不应由货主分摊。除此以外，应借鉴油污与有毒有害物质泄漏相关法律法规，明确"由于战争行为、敌对行为、内战、武装暴动，或特殊的、不可避免的和不可抗拒性质的自然现象所引起外来水生物种入侵的损失，以及第三者有意造成损害的行为或不为所引起本地海洋资源损失"，船舶所有人依然享有免责。建议在《海商法》（修订征求意见稿）"船舶污染损害赔偿责任"章中专门增设一节"船舶引起外来水生物种入侵损失的赔偿责任"，确保上述相关建议在立法中予以落实。

二、进一步厘清民事损害赔偿范围与责任边界

笔者认为，在《海商法》面临修改之际，应对海洋污染损害赔偿范围问题予以充分重视，梳理间接经济损失与纯经济损失索赔的法律基础，厘清直接损失、间接损失与纯经济损失的赔偿范围，反思与探讨将民法理论适用于海商海事案件中间接损失与纯经济损失认定的可行性与局限性；在总结各国海商海事判例的基础上，率先促使《索赔指南》相关规定的修改，逐步推动指导性案例的出台，最终对《海商法》相关条款的修改与完善提出对策与建议。

笔者建议，未来应修改《索赔指南》的相关表述，尽可能将船舶污染所引起的间接损失与纯经济损失纳入理赔范围。尽管该指南仅仅涉及油污损害赔偿基金赔偿范围的厘清与赔偿类型的认定，但作为交通运输部海事局发布的重要规范性文件，对于法院认定船舶污染损害民事赔偿责任范围与责任边界具有重要的指导意义与参照价值。如上文所述，依据《索赔指南》的相关规定，船舶污染损害与海洋环境资源损失的理赔范围仅限于侵权行为直接引起的经济损失，而不涉及间接损失与纯经济损失。例如，因

渔业资源遭受破坏而遭受的养殖收入减损，以及因沿海海域被污染而面临的旅游业收入骤减。因此，该理赔指南不仅对受害人利益的保障不够充分，而且未能与国际油污损害赔偿基金《索赔手册》保持一致。例如，应当借鉴《索赔手册》相关条款，将适用范围从原有渔业与旅游业直接经济损失扩展至间接经济损失乃至纯经济损失，甚至因采取预防纯经济损失措施而产生的费用。就渔场、海产品养殖和鱼品加工业经济损失索赔而言，索赔范围不仅涉及渔业资源与水产品财产价值的实际损失，恢复天然渔业资源措施的费用，还应包括渔民因渔具清洁或更新而无法捕鱼期间遭受的收入损失（间接损失）与经常捕鱼的海域遭受了污染而不能去其他任何地方捕鱼所遭受的损失（纯经济损失）；而在评估渔业纯经济损失与污染之间是否具有紧密因果关系时，应重点考虑"索赔人经营活动与污染区域的地理临近性""索赔人的经营活动在经济上依赖受污染资源的程度""索赔人有其他供给资源或商业机遇的可能性""索赔人的经营活动在受污染区域形成经济活动的组成部分的程度"等相关因素。就旅游业经济的索赔而言，不仅应涉及旅游业娱乐设施、设备等财产的价值减损以及产生的清洁、维修与更换费用，还应包括受污染的游乐渔场附近的旅游业，或者大部分收入与旅游有关的商业主体（如旅行社、露营地、酒吧和旅馆）由于在油污期间旅客减少而遭受到的损失；而在评估旅游业纯经济损失与污染之间是否具有紧密因果关系之时，应重点考虑"索赔方商业活动地和污染地之间地理上的相邻性""索赔方的商业活动与受污染海岸线的依赖程度""索赔方在供应品或商业机遇上的可弥补程度""索赔方的商业活动作为受污染地区的经济活动一部分的不可分割程度"等相关因素。

　　除了修改与完善《索赔指南》的相关条款，还应陆续出台一批具有代表性与典型性的指导性案件，这一举措在我国当前相关法律法规尚未正式承认间接损失或纯经济损失的前提下尤为重要。如上文所述，我国法院对纯经济损害的认定同样遵循侵权责任成立的一般要件，具体到个案审理，就演化为对行为人主观过错与损害结果之间因果关系的判定。鉴于我国各地法院审判能力参差不齐、审判质量尚不均衡，若放任法官对船舶污染造成间接损失或纯经济损失范围进行自由裁量，则很可能导致同案不同判乃至司法不公的情形。因此，法院在审理具体案件之时，可以参照英美法院司法实践，基于"洪水之门"理论与"排除规则"，形成"原则上不赔偿纯经济损失"的一般原则，从而防止原告滥诉增加法院负担，以及索赔范围无限扩大加重被告的经济负担，但对于渔业或旅游业所造成的经济损失属于例外。法院应遵循可预见性原则，在基于污染行为与环境损害之间成立紧密因果关系的前提下，对船舶污染所引起的间接损失与纯经济损失索赔予以支持。尽管我国并非判例法国家，但最高院定期整理并发布的指导性案例依然可以为各地法院的案件审理提供重要指引；待时机成熟之时，再将相关司法实践总结转换为司法解释。

鉴于船舶污染损害类型与数量繁多，不仅涉及油污泄漏损害，还涉及有毒有害物质泄漏与外来水生物种入侵的风险，因此，单凭"船舶油污损害"这一种类型的指导性案例或司法解释无法应对与处理各种形态的船舶污染纠纷，亟需在立法上予以加强，对于船舶污染所引起的间接损失乃至纯经济损失进行统一规制，尽可能将上述经济损失纳入侵权损害赔偿的范围。事实上，围绕纯经济损失的立法缺失问题，在其他大陆法系国家同样有所体现，总体而言，涉及纯经济损失的争议并未大量进入大陆法系国家司法实践的视野，甚至部分国家的法律法规未出现纯经济损失的表述。在法国侵权法下，纯经济损失与其他损害不作区分，一项损害是否能获得救济按照侵权责任认定理论进行判断，即"在所有侵权责任的案件中，必须以原告已遭受了损害并且被告的过错行为（或在被告控制下的物）与原告遭受的损害结果之间存在因果关系为前提"。但是因果关系理论本身具有很强的不确定性，纯经济损失赔偿的因果关系认定则更为模糊和不确定。因此，法国侵权法下对纯经济损失的救济也存在相当大的不确定性，对此，法国教授 Esmein 曾戏言，法官在具体个案中，"依照他喜欢原告与否而准许赔偿"。日本的侵权法理论也未排除对纯经济损失的救济，对待纯经济损失赔偿的态度是信任法院以不承认过大的损害赔偿为原则而合理地行使自由裁量权。①

　　相比之下，德国法中关于纯经济损失救济的相关规定值得我国借鉴。德国法主要通过利益的权利化（例如，对所有权进行扩大解释、创设营业权概念），确立社会生活安全注意义务等多种方式，试图对被侵权人遭受的纯经济损失予以救济。就所有权的扩大解释而言，德国联邦法院认为，在生产商供货的产品因瑕疵部件导致无法使用时即构成了对买受人享有本产品所有权的侵害，最终法院以买受人所有权受到侵害为由对遭受损失者予以救济，实质为扩大了侵权法的救济范围，加大了对纯经济损失的保护力度。此外，德国法院还将第三人过失造成河道阻塞而导致船舶无法正常航行的行为，也认为是第三人对船主之船舶所有权的侵害。② 具体到船舶污染的现实语境，笔者建议，应合理借鉴德国立法经验与立法模式，通过在立法上对所有权进行扩大解释的路径以保障船舶污染损害纯经济损失的诉权。例如，将船舶污染行为视为对海洋资源所有权的侵犯，如果部分海洋资源属于国家所有，如领海海域生存的鱼虾蟹、水母等游泳生物或浮游生物，那么应当由海洋生态环境主管部门提起民事公益诉讼，以国家海洋生物资源所有权受到侵害向船东索赔未来可能产生的经济收益或利润损失；如果部分海洋资源属于个人或集体所有，例如其经营的养殖场所培育的鱼卵、仔鱼、稚鱼等水生物种，或者经营的冲浪、游艇等旅游项目，那么可以由个人或集体提起私益诉讼，以渔业资源或旅游项目所有权受到侵害为由向船东主张因船舶污染而产生的收入减损。

　　相比之下，德国法创设的"营业权"与社会生活安全注意义务不应被我国盲目借鉴与引入。前者受限于物权法定原则，创设新的权利保护纯经济损失违背了物权法基本原则；而后者是法官造法的产物，对于纯经济损失的认定若放任法官自由裁量不利于裁判尺度的统一性与裁判结果的权威

----

　　① 周友军．纯经济损失及其法律救济——"上海方舟旅行社诉东方航空公司航班延误赔偿"案评析［J］．判解研究，2005（22）：128-142.

　　② 马俊驹，白飞鹏．对财产上法益间接损害的民法救济：保护与限制［J］．法学评论，2001（02）：37.

性。笔者建议，在未来最高院发布涉及船舶污染损害民事赔偿范围相关司法解释或者修改《海商法》之际，可以增设一条特别规定，即"船舶对于海洋资源的污染影响了国家、集体或个人利益，可以视为上述主体所享有的所有权受到侵犯，受害人有权就相应的经济损失向船东提出索赔"，将油污损害、有毒有害物质泄漏与外来水生物种入侵风险等一并纳入调整范围。待未来时机成熟之时，交通运输部海事局可以效仿油污损害赔偿基金《索赔指南》的规定，在国内率先建立有毒有害物质损害赔偿基金，并发布相应的索赔指南与实施细则。

三、进一步完善污染治理方式与行政处罚依据

完善污染处理方式与行政处罚依据的直接方式就是梳理《防治船舶污染海洋环境管理条例》与《海上交通安全法》之间的关系，尽管《防治船舶污染海洋环境管理条例》修订于 2017 年，属于旧法；《海上交通安全法》修订于 2021 年，属于新法；《防治船舶污染海洋环境管理条例》属于行政法规，《海上交通安全法》属于法律，后者较前者的位阶更高；但是《防治船舶污染海洋环境管理条例》毕竟属于特别法，是专门调整船舶污染排放与泄漏控制、干预以及预防的法律规范，而《海上交通安全法》属于一般法，其调整的船舶污染或者海洋环境损失均为广义上的"海上交通安全"。因此，从海事局执法层面进行分析，对于船舶污染可能造成的海洋资源与生态环境损失，《防治船舶污染海洋环境管理条例》被直接援引或适用的可能性更大。

第一，应取消船舶污染海洋环境应急预案的事前审查与监管，参照《海上交通安全法》的相关规定，对《防治船舶污染海洋环境管理条例》作出修改。明确船舶所有人、经营人或者管理人、港口、码头、装卸站的经营人在制定防治船舶及其有关作业活动污染海洋环境的应急预案之后，不需要经过海事行政主管部门批准或备案。在"简政放权"的时代背景下，船方有权根据船舶营运情况、航行区域环境与港口监管政策制定符合自身发展实际与安全保障需要的应急管理预案；在取消应急预案事前审查

的同时，政府主管部门应加强船舶污染海洋环境的事中事后监管，这也与时代发展趋势相契合。

第二，在采取的强制措施方面，应在措辞上尽可能保持两法一致。建议主要参照《海上交通安全法》的规定进行修改，考虑到海洋环境污染的严峻形势与保护海洋环境的迫切需求，应在保留"停止作业、强制卸载，禁止船舶进出港口、靠泊、过境停留，或者责令停航、改航、驶向指定地点"的基础之上，将"暂扣相关证书与文书"作为重要惩戒手段，以"驱逐船舶出港"取代"责令其离境"；同时保留原有管理条例中"暂扣船舶""强制卸载"等相关调查方式与强制举措，从而最大限度地赋予海事局对于船舶污染海洋环境的执法权能。

第三，就法律责任的承担而言，应当尽可能借鉴《海上交通安全法》关于处罚前提与处罚对象的规定，但在处罚幅度与处罚金额方面可以适度参照《防治船舶污染海洋环境管理条例》的相关规定，对于因相关违法行为引起的海洋环境污染，根据违法主体的不同与违法情节的轻重分别设定相应的处罚力度与幅度，例如处以罚款、暂扣乃至吊销船员适任证书等相关处罚措施。具体而言，对于船舶在发生污染事故之后，船东未及时履行报告义务，或者存在瞒报、谎报情形的，由海事管理机构对违法船舶、海上设施的所有人、经营人或者管理人处十万元以上二十五万元以下的罚款；对直接负责的主管人员和其他直接责任人员，由海事管理机构处三万元以上五万元以下的罚款；对直接负责的主管人员和其他直接责任人员属于船长或船员的，对船长、责任船员处一万元以上五万元以下的罚款，暂扣船员适任证书六个月至二十四个月；情节严重的，对违法船舶、海上设施的所有人、经营人或者管理人处二十五万元以上五十万元以下的罚款；对直接负责的主管人员和其他直接责任人员，处五万元以上十万元以下的罚款；对直接负责的主管人员和其他直接责任人员属于船长或船员的，对船长、责任船员处五万以上十万元以下的罚款，吊销船长、责任船员的船员适任证书。

同时，在《海上交通安全法》第105条与第107条的基础之上，围绕海上施工作业与外国籍船舶无害通过创设特殊处罚机制。例如，船舶、海上设施未经许可从事海上施工作业，或者未按照许可要求、超出核定的安全作业区进行作业造成严重环境污染的，由海事管理机构责令改正，对违法船舶、海上设施的所有人、经营人或者管理人处五万元以上五十万元以下的罚款，对船长、责任船员处五千元以上五万元以下的罚款，或者暂扣船员适任证书十二个月至二十四个月；情节严重的，吊销船长、责任船员的船员适任证书。外国籍船舶进出中华人民共和国内水、领海违反本法规定造成严重环境污染的，由海事管理机构对违法船舶的所有人、经营人或者管理人处十万元以上一百万元以下的罚款，对船长处五万元以上十万元以下的罚款。

第四，从加强海洋环境污染监管的视角出发，也应出台政府层面的船舶海上污染应急预案。当前，海洋环境污染应急管理机制呈现"缺失化"的特征。我国曾发布《国家突发公共事件总体应急预案》《国家安全生产事故灾难应急预案》《国家海上搜救应急预案》《国家突发环境事件应急预案》《国家防汛抗旱应急预案》《国家自然灾害救助应急预案》《国家突发重大动物疫情应急预案》《国家突发公共卫生事件应急预案》等"国家级"应急预案，但唯独缺少应对重大海上突发事件的专项应急预案，其中主要涉及海洋环境污染的应急处置。考虑到陆上环境污染应对方式与海上环境污染治理思路存在较大差异，《国家突发环境事件应急预案》无法照搬适用于船舶污染的应急管理，海洋环境污染应急预案的缺乏将导致应急救助单位与海事主管部门在海上环境污染事故发生之后无法可依、无规可循，只能参照其他突发应急事件的处置程序或者另行制定各机构内部的海上环境污染应急处置预案，从而可能导致海洋局、海事局与港务局等不同主管部门监管标准的不统一、搜救机制的不协调与应急流程的不规范。

因此，笔者建议出台《国家海上突发环境事件应急预案》。尽管目前国内部分省市已发布了海上突发事件应急预案，但均为地方性的应急预案，尚未上升为"国家级"应急管理机制，在处理跨区域海上突发环境事件之时可能出现各地应急机制相互冲突、难以实现制度联动与整体协调的困境。因此，在国家层面设立海上突发环境事件专项应急机制有助于加强跨地区与跨部门的联防联控机制。具体而言，《国家海上突发环境事件应急预案》第一章为"总则"（编制目的、编制依据、适用范围与工作原则），明确海上突发环境事件应对工作实行"预防为主、预防与应急相结合"的原则。第二章为"国家海上突发环境事件应急组织指挥体系及职责任务"，要求建立全国统一的"海上突发环境事件信息系统"，国家海洋局与交通运输部海事局应当建立统一的海上突发环境事件信息系统，与上下级人民政府部门、专业机构和监测网点的海上突发环境事件信息系统实现互联互通，并明确各自的分工与职责。第三章为"海上突发环境事件预警和预防机制"，要求国家建立健全海上突发环境事件应急预案体系。政府应当对本行政区域内容易引发特别重大、重大海上突发环境事件的危险源、危险区域进行调查、登记、风险评估。港口、海关等部门应当制定具体应急预案，为港口与出入境登记大厅配备报警装置和必要的应急处置设备、设施。第四章为"海上突发环境事件的险情分级与上报"，可以分为特大突发事件险情（Ⅰ级响应）、重大突发事件险情（Ⅱ级响应）、较大突发事件险情（Ⅲ级响应）、一般突发事件险情（Ⅳ级响应）。第五章为"海上突发环境事件应急响应和处置"，要求当地政府针对海上突发环境事件的性质、特点和危害程度，立即组织海事、海洋与环保等相关部门，调动应急救援队伍和社会力量。第六章为"海上突发环境事件后期处置"，要求当地政府采取或者继续实施必要措施，防止发生海上突发事件的次生、衍生事件或者重新引发社会安全事件。第七章为"海上突发环境事件法律责任"，明确地方政府未按规定采取预防措施，导致发生海上突发环境事件，以及迟报、谎报、瞒报、漏报有关海上突发事件的信息等行为应当承担的法律责任。

第三章 船舶大气污染防治的
政策法规与存在问题

第一节 船舶大气污染的现状

随着绿色节能技术在航运领域的陆续应用，航运业正向绿色化与智能化方向发展，相比一次性大规模海上油污事件对海洋环境的破坏，船舶大气污染对环境所造成的影响可能更容易为公众所忽略。船舶排放大气污染的主要来源为柴油机（主机、辅机）排放的硫氧化物（SOx）、氮氧化物（NOx）、颗粒物（PM）、挥发性有机化合物（VOCs）、碳氧化物（COx）、碳氢化合物（HC）、消耗臭氧物质（ODS）等。其中，氮氧化物（NOx）、硫氧化物（SOx）以及颗粒物（PM）对于环境的影响更具有隐蔽性与持久性。根据深圳环境科学研究院的统计测算：一艘载有含硫量3.5%常规燃料的中大型集装箱船，以大约最大功率70%的负荷持续航行，其在24小时以内排放的PM2.5相当于21万辆国四重货车。① 根据国际自然保护协会对过去5年我国长三角和珠三角等主要港口区域污染物排放调查：船舶尾气排放约占当地NOx排放总量的9%~37%，约占SOx排放总量的7%~59%，而上海、香港等核心港区该占比更高。② 可见，船舶正成为我国继

---

① 船舶成第3大大气污染源 1船污染等于21万辆卡车［EB/OL］. 环球网, https：//world. huanqiu. com/article/9CaKrnJNyIJ.

② 船舶排放问题大，标准太宽松了［EB/OL］. 搜狐网, https：//www. sohu. com/a/410726948_468637.

机动车尾气与工业企业排放之后的第三大大气污染源。船舶废气与温室气体的排放不仅对全球气候变化产生了重大影响，加重温室效应，可能引起自然灾害、极端天气、冰川消退与海平面上升等生态环境问题，也有可能严重危及人类健康，大幅增加心血管疾病与呼吸系统疾病发生的概率。对于船舶大气污染排放及其所引起的负面环境影响，应分别立足国内法的视角与国际法的视野予以规制与打击：一方面，应加强绿色航运的国际合作机制构建，尤其是遵循我国已缔约或加入的国际公约；另一方面，应在国内法中充分落实船舶大气污染排放控制相关国际公约的要求，尤其是加大对违规排放船舶废气污染的航运企业的处罚力度，针对积极开展绿色节能减排的航运企业予以适当的制度激励。

立足全球环境治理的视角，受环境污染治理一体化趋势的影响，绿色航运与低碳航运的发展不应局限于由某一个或某几个国家独立实施或单独推动，而是应当由世界各国，尤其各个航运大国共同协作与协同治理，例如实施排放权交易的区域越广，就越能在更大范围内促进排放权指标的优化配置，减少排放成本。① 立足于法治保障的视角，应重视改善与打破各国绿色航运立法"割裂化"与"碎片化"的现状，重点在国际公约层面加强绿色航运节能减排国际合作与系统治理，制定与颁布具有普遍适用性与强制实施性的绿色航运或低碳航运的国际公约；在切实提高立法的全面性与体系性的同时，有效实现立法的精准性与针对性，推动与鼓励更多国家缔结、加入、批准涉及航运业碳排放控制的相关国际规则，这也是实现航运领域"碳达峰"目标与"碳中和"愿景的应有之义。

早在 2019 年，习近平总书记就提出构建"海洋命运共同体"的设想，指出世界各国应协同合作保护海洋生物资源的多样性，持续加强海洋环境污染的防治；而在 2022 年 3 月，中国工程院发布的《中国碳达峰碳中和战略及路径》进一步提出坚持"国际合作战略，构建人类命运共同体的大国

---

① 郑少华，孟飞. 论排放权市场的时空维度：低碳经济的立法基础 [J]. 政治与法律，2010（11）：89.

责任担当，更大力度深化国际合作"。① 因此，在航运领域实现"碳排放"目标与"碳中和"愿景应突破国内法单向调整的功能限制，在既已形成的国际碳排放合作框架与碳交易法律机制的基础之上进一步完善与丰富内涵，重点审视各主要航运国家对航运业温室气体减排所持的基本立场与节能减碳的主要举措，以及与之配套的相关法律法规；根据改革时间表与实施路径，进一步推进区域性与跨国性的航运碳排放限制联动机制与绿色航运合作路径，倒逼国内航运领域碳排放限制与交易法律法规的更新与升级，这不仅符合"气候正义"的基本原则，② 对于我国航运领域最终实现"碳达峰"目标与"碳中和"愿景也具有重要的现实意义与理论价值。

立足于国内环境治理的视角，2020年9月，习近平总书记在第七十五届联合国大会上提出："中国将提高国家自主贡献力度，采取更加有力的政策和措施，二氧化碳排放力争于2030年前达到峰值，努力争取2060年前实现碳中和。"③ 时至今日，"碳达峰"目标与"碳中和"愿景已作为一项系统工程与宏观规划在各个行业、各个领域深入实施与有序推进。航运领域同样面临此项挑战与变革，当前，航运业是全球温室气体的主要来源之一。根据一项权威统计，当前船舶排放的二氧化碳量每年约8亿吨，大约占全球温室气体排放量的3%，但逐年呈上升趋势，2021年全球航运二氧化碳总排放量相比2020年同比增长4.9%。④ 若不及时采取行动，到2050年，此项比例预计将上升为5%。⑤ 因此，从某种意义上讲，控制船

① 工程院《我国碳达峰碳中和战略及路径》成果发布［EB/OL］. 科学网，https：//news. sciencenet. cn/htmlnews/2022/3/476587. shtm.

② 曹明德. 中国参与国际气候治理的法律立场和策略：以气候正义为视角［J］. 中国法学，2016（01）：30.

③ 习近平在第七十五届联合国大会一般性辩论上的讲话［EB/OL］. 中国政府网，http：//www. mofcom. gov. cn/article/i/jyjl/1/202012/20201203020929. shtml.

④ 2021年全球航运排放量继续增长［EB/OL］. 信德海事，https：//www. sohu. com/a/527491009_175033.

⑤ 二氧化碳排放量约占全球3%，多国布局该清洁能源行业内技术应用，这家公司开发了国内第一个此类技术产品［EB/OL］. 财联社，https：//baijiahao. baidu. com/s？id=1703464578585269240&wfr=spider&for=pc.

舶大气污染排放，推动低碳航运与绿色航运是实现"双碳"目标与2021年《政府工作报告》要求以及履行节能减排承诺的必经之路与现实选择。

第二节 全球气候变化治理国际公约 发展路径及其对航运业影响

涉及碳排放控制的国际合作机制主要是建立在以《联合国气候变化框架公约》（以下简称《框架公约》）《京都议定书》《巴黎协定》等一系列国际公约为代表而形成的全球气候变化治理体系之上。从历史演进与规则嬗变的角度，自1994年《框架公约》的实施至2016年《巴黎协定》的生效，这22年见证了全球气候变化体系从旧秩序到新规则的转变。从制度的影响力与约束力的角度，上述一系列国际公约在全球环境治理进程中发挥了主导作用，被奉为各国参与全球环境协同治理的圭臬与构建国际环境治理体系的基石。

但不可否认的是，上述国际公约在实施进程中也面临诸多制度障碍与发展瓶颈，这也在一定程度上影响了绿色航运节能减排国际规则的制定与适用：其一，从发展路径的角度出发，受限于各国经济与贸易水平的巨大差异以及利益诉求的不同，全球环境治理体系面临弱化与松动迹象，量化目标之间的可比性逐步减弱，未来的谈判进度也可能进一步陷入停滞与僵局，至今为止，尚未在航运领域达成任何一项关于碳排放交易的国际合作协定或者议定书。其二，从实施现状的角度出发，并非所有关于气候变化的公约与协定均具有普遍适用性，部分协定在适用范围与适用空间上存在一定的局限性。例如，《巴黎协定》并未明确涉及航运与航空领域的减排目标，长期以来，航运领域主要遵循以MARPOL为代表的船舶节能减排与能效管理的国际公约。因此，从一般意义上讲，当前的全球气候变化治理体系主要以间接的路径，而非以直接的方式影响全球绿色航运法律体系的变革与创新。

一、全球气候变化治理体系的发展路径

从《框架公约》的颁布，到《京都议定书》的实施，再到《巴黎协定》的生效，全球气候变化治理体系的构建、发展与重组都经历了历时多年的艰难谈判进程，每一轮谈判均涉及气候大会的召开、工作小组的设立、会议主题的确定、减排目标的制定以及评估报告的发布等多个环节，其中牵涉各国政府与国际组织之间经济利益的博弈。事实上，历次气候变化公约与协定的修改与颁布都不是一蹴而就的，而是曲折往复的、循序渐进的。从 1979 年第一次世界气候大会的召开，到 1988 年联合国环境规划署和世界气象组织成立政府间气候变化专门委员会，再到 1990 年联合国大会决议提出成立政府间谈判委员会。在历经了多轮谈判之后，《框架公约》于 1994 年正式生效，该公约确立了应对气候变化国际合作最重要与最基本的法律原则——"共同但有区别的责任"原则。直至 1997 年，《京都议定书》对于被列入附件的国家提出了具体而明确的节能减排指标与时间表，并提出基于碳配额与碳信用交易的节能减排机制。在议定书通过之后，又经历了《巴厘岛路线图》《布宜诺斯艾利斯行动计划》《波恩协议》《马拉喀什协定》《德里宣言》《内罗毕工作计划》《哥本哈根协议》等一系列重要法律文件的谈判，但其中部分协议由于未能通过而缺乏硬性约束。因此，在 2015 年《巴黎协定》达成之前，全球气候变化治理体系始终处于停滞状态。《巴黎协定》在兼顾各国利益的基础之上作出了一定的妥协，该协定提出了"自下而上"的"自愿减排"模式，要求所有缔约方都应实现相应的"国家自主贡献"，以取代《京都议定书》框架下"自上而下"的"量化减排"模式，不再要求所有缔约方承担强制减排义务。[①]

《巴黎协议》的生效加速了各国在碳排放控制领域的国际协作。2021年 4 月，在美国主办的多国领导人峰会上，有三十多个国家基于"共同但

---

① 曹明德. 中国参与国际气候治理的法律立场和策略：以气候正义为视角 [J]. 中国法学，2016（01）：38.

有区别的责任"原则,就碳排放治理作出实际承诺。例如,美国承诺到
2030 年比 2005 年减少 50%～52%的碳排放量,加拿大承诺减少 40%～
45%,① 大多数发展中国家并未作出明确的节能减排承诺;相比之下,中
国早在 2020 年 9 月联合国大会上就提出了"碳达峰"目标与"碳中和"
愿景。根据国家发改委负责人在接受新华社记者专访时的解释:所谓"碳
达峰"是指,二氧化碳排放达到历史最高峰之后,由增转降的历史拐点,
即在经历历史平台期之后逐步下降。② 而根据《牛津美国字典》的解释,
所谓的"碳中和"是指,国家、企业、个人在特定时间段内通过采取各类
节能减排与减碳降碳措施,例如,植树造林与节约用电,以抵消自身直接
或间接产生的二氧化碳、一氧化碳或温室气体的排放,从而达到相对"零
排放"。在 2021 年 11 月举行的全球气候变化大会上,各方就《巴黎协定》
实施细则,包括透明度、市场机制、国家自主贡献共同时间框架在内的议
题达成了一致意见,从而为该协定的有效落实奠定了良好的制度基础。

二、全球气候变化治理体系的实施困境及其对航运业的影响

在梳理全球气候变化治理体系的发展路径的基础之上,总结相关协定
与制度的实施困境,不难发现,此种实施现状对于航运领域"双碳"目标
的实现与绿色航运的国际合作也产生了一定影响。换言之,全球气候变化
治理体系本身强制适用的不断削弱与可比量化指标的逐步取消,其本身对
于各国碳排放治理与节能减排行动的约束力也趋于减弱,在航运业碳排放
的协同治理层面同样如此。

从公约实施的积极意义上作出解读,《巴黎协定》所创设的"自下而
上"的"自愿减排"模式突破了传统"自上而下"的"量化减排"模式

---

① 拜登承诺提高减排目标,2050 年全球是否实现零碳 [EB/OL]. 北青网,
https：//t. ynet. cn/baijia/30696324. html.

② 2030 年前碳达峰的总体部署——就《2030 年前碳达峰行动方案》专访国家发展改
革委负责人 [EB/OL]. 新华社, https：//baijiahao. baidu. com/s? id = 1714697311515357917
&wfr = spider&for = pc.

的限制，给予各缔约国充分考虑自身减排能力与本国国情的空间，在一定程度上缓解了全球气候治理体系发展的困境，打破了国际气候变化治理规则谈判的僵局，推动了国际碳排放限制与碳交易合作机制的升级与转型，延续了《框架公约》的生命周期与运行期限。但其弊端在于：相比《京都议定书》关于温室气体排放"量化限制""减排承诺"与"分配数量"的规定，该协议的规定相对松散，缺乏可供量化与比较的具体指标与分配数量，在实际执行过程中可能缺少一定的强制力与操作性。例如，该协定第4条第3款关于"国家自主贡献"的规定主要利用各国应对气候变化的决心与维护国际形象等各项因素，从而形成对缔约国的节能减排行动计划的软制约，但是这既难以对各缔约国在环境治理方面的成效作出客观与公正的评价，也无法对部分缔约国环境污染的现状作出实质性的约束。该协议第13条又创设了国家信息通报的透明度框架与安排，其中涉及了两年期报告、国际评估和评审等相关内容。但实际上，基于参考标准与参照口径的差异，各国提交或披露的文本可能存在显著差异，例如总体方案的设计思路、具体目标的描述方式、行业领域的适用范围与温室气体限制的实施条件等；换言之，在缺乏具体行动指南与实施路径的前提下，能否按时实现"把全球平均气温升幅控制在工业化前水平以上低于 2°C 之内，并努力将气温升幅限制在工业化前水平以上 1.5°C 之内"的既定目标尚存疑问。

回顾《巴黎协定》的谈判进程，在 2015 年 12 月发布的协定草案中设定了一个备选条款，旨在要求各方以"减少国际航空和航运燃油的温室气体排放"为目标。然而，协定最终文本中却删除了这一备选条款。有不少学者认为，该条款的删除意味着航运业的碳排放限制属于行业性问题，应当由 IMO 颁布相应的公约予以规制，而不属于区域性或全国性问题。[①] 其中涉及欧盟及其国际环保组织与世界主要航运公司之间的利益冲突，也牵涉 IMO 与欧盟关于绿色航运产业话语权的争夺。《巴黎协定》的最终文本作出了妥协，放弃了之前坚持的将碳排放限制目标统一适用于所有行

---

① 徐华. 航运业失约巴黎协定 [J]. 中国船检, 2016 (01)：57.

业的立场，而是将航运领域排除在外，将绿色航运规则的主导权重新让与 IMO。

长期以来，调整航运领域节能减排进程的国际公约主要为 IMO 主导并颁布的 MARPOL，该公约附则Ⅵ《防止船舶造成大气污染规则》对于船舶能效设计指数（Energy Efficiency Design Index，EEDI）与船舶能效管理计划（Ship Energy Efficiency Management Plan，SEEMP）提出了明确的要求。除此以外，IMO 于 2018 年通过《IMO 船舶温室气体减排初步战略》，要求航运业至 2030 年相比 2008 年的碳排放强度降低 40%，至 2050 年温室气体年度总排放量降低 50%。① 因此，总体而言，以《框架公约》《京都议定书》《巴黎协定》为代表的全球气候变化治理体系与以 MARPOL 为代表的船舶碳排放治理体系似乎互不影响、互不兼容，处于一种"格格不入"乃至"割裂"的现实状态。此种"双轨制"也在一定程度上影响甚至阻挠了各国达成绿色航运节能减排国际合作的共同努力与实施进程。笔者认为，相比其他领域的环境治理，航运碳排放控制机制存在一定的特殊性与独立性，首先主要体现在管制主体方面（单边性较强），其次在行为模式方面（技术性较强），最后在分配规则方面（认定标准较复杂），上述三点将在下文问题的提出中进行展开论述。

需要注意的是，虽然航运业碳排放控制体系"自成体系"，但不能说全球气候变化治理体系对航运业碳排放治理毫无参照价值。前者对于后者的影响主要表现在以下两个方面。

第一，尽管以《框架公约》《京都议定书》《巴黎协定》为代表的国际气候变化治理体系尚未围绕航运碳排放限制与碳交易国际合作机制作出专门的规定，但这并不意味着海运业将游离于"体制"外，《框架公约》所创设的"共同但有区别的责任"原则依然适用于航运领域。《京都议定书》第 2 条第 2 款明确规定，"附件一所列缔约方应分别通过……国际海

---

① IMO 承诺，到 2050 年航运业温室气体排放量比 2008 年减少 50%［EB/OL］. 碳交易网，http://www.tanjiaoyi.com/article-24244-1.html.

事组织作出努力，谋求限制或减少……航海舱载燃料产生的……温室气体的排放"。因此，《框架公约》在确立"共同但有区别的责任"原则基础地位的同时，也明确将该原则的适用范围扩展至航运领域。在"巴黎气候变化大会"上，海运业的碳排放治理依然是备受瞩目的话题。可以预见的是，在《巴黎协定》生效之后，绿色航运节能减排国际合作的开展将在IMO 的主导下，继续以"共同但有区别的责任"原则为指导，同时结合航运碳排放治理的主要特征加速推进。

第二，《巴黎协定》虽然未明确将航运业纳入调整范围与规制范畴，但是，其设定"国家自主贡献"的总体目标与"国家信息通报"框架体系将在间接层面为航运碳排放治理思路提出指引与方向；相比以往"自上而下"的"强制减排""量化减排"模式，协定创设的"自下而上"的"自愿减排"模式——这一看似松散的规则体系与缺乏量化的制度规范若适用航运领域，将具有更为充分的发展空间与创新余地。由于航运业具有跨国程度高与技术性强的特征，如果按照公约预先设定的目标强制适用于航运领域，反而有可能适得其反，还不如由各主要航运国家采取"自愿减排"的模式，根据本国国情与航运市场发展现状采取适合本国发展需要的节能减排路径。在采取"自愿减排"模式的实施路径与具体手段上，依然可以国内碳排放交易乃至全球碳排放交易模式为主。以我国为例，当前我国已经在北京、上海、天津等多地设立了碳排放交易所，这为未来碳交易机制进一步适用于航运碳排放领域，打通航运、航空、工厂废气、汽车尾气等主要碳排放领域的碳交易渠道提供了制度基础（例如，允许航运企业将节省的碳排放指标与其他类型企业进行交易，从而换取一定的经济补偿，反之亦然），为构建国内外碳排放交易平台提供了硬件保障。因此，航运领域的碳排放治理借助与依托碳交易机制对于实现《巴黎协定》节能降碳的总体目标具有重大现实意义。

总体而言，全球气候变化治理体系与航运碳排放治理规则虽然奉行两套法律规则与体系，但是两套规则与体系之间依然存在千丝万缕的联系，尤其是在"双碳"背景下呈现逐步融合的态势，这种趋势主要体现在国际碳排放合作机制对绿色航运领域的软约束方面，即全球气候变化治理体系以较为间接的方式，在总体原则的适用与减排模式的形成等方面不同程度地影响了全球航运碳排放治理方式与绿色航运节能减排国际合作路径的变革。

第三节　船舶大气污染国际合作治理存在的主要问题

立足于船舶大气污染日益严重的时代背景，梳理与回顾全球气候变化治理体系的发展路径及其对航运业的影响，不难发现，相关法律法规与规范性文件在全球航运业碳排放治理合作机制的构建、绿色航运节能减排国际合作治理理念的确立以及航运碳排放交易机制的形成等领域存在诸多不足与较大缺失。

一、航运业碳排放治理缺乏行之有效的合作机制，以各国采取的单边措施为主

如上文所述，由于《巴黎协定》不直接适用于航运领域碳排放的合作机制，且在 IMO 治理框架下形成的绿色航运节能减排国际合作机制寥寥无几，因此当前的航运碳排放治理主要以各航运国家采取的单边治理举措为主。

（一）美国采取的措施

以美国为例，美国不少专家学者认为，《京都议定书》要求美国与其他发达国家承担全部的气候保护责任并不公平。早在 2001 年，布什政府就以"降低温室气体排放将影响美国经济"和"发展中国家也应该承担节能减排的义务"为理由拒绝签署《京都议定书》;① 2009 年，美国众议院通

---

① 郭红岩 . 美国联邦应对气候变化立法所涉重点问题研究 ［J］. 中国政法大学学报，2013（05）：127.

过了《美国清洁能源安全法案》（ACES），该法案创设的"总量控制与排放交易"机制也适用于航运碳排放治理领域。但由于该法案授权总统自2020年起针对一些处于高速发展中但未能履行温室气体减排义务的国家采取"边境调解"的贸易保护措施，即征收惩罚性的"碳关税"规定,① 在遭受国内外政要与企业界激烈的反对之后，该法案未能获得参议院的批准。② 而美国参议院于2010年讨论的《美国电力法案》通过设立清洁能源技术基金以支持清洁能源技术的开发，减少本国环境污染。同时，美国自2009年起，在TPP（"跨太平洋伙伴关系协定"）与TTIP（"跨大西洋贸易与投资伙伴协议"）谈判进程中加强制定新一代的国际贸易标准，试图将环保问题作为国际贸易标准的主要内容。上述法案所涉及的"碳关税"征收、清洁能源技术基金的设立以及国际贸易标准的设定均与航运领域的碳排放限制具有密切关联。2019年，特朗普政府宣布退出《巴黎协定》，并且废除奥巴马执政时期制定的《清洁能源计划》。然而，在拜登政府上台之后，他则致力于重新加入《巴黎协定》。

梳理美国航运碳排放治理法律的发展历程，再结合美国在历次全球气候变化大会中所采取的各种退出或故意拖延谈判进程的举措，不难发现，美国所推行的单边绿色航运政策与法律具有较大的周期性、易变性与不确定性，而且逐步倾向于将本国劳工权益与经济利益置于国际环保准则与公共环境安全之上，这无疑对国际航运碳排放治理协同与绿色航运节能减排国际合作机制构成了巨大障碍。放眼全球，与美国所持立场相近的国家还包括日本、加拿大、澳大利亚等国，上述国家的政治立场、经济诉求基本一致，往往将新型经济体国家的许诺作为是否开展绿色航运节能减排国际合作的前提条件。因相关国家的地理位置分布与伞的形状类似，上述国家

---

① 该法案规定，针对来自没有排放上限或者将其能源密度降低到可类比水平国家的进口商品实施边境调节措施，要求进口有关竞争产品的美国贸易商通过碳市场购买排放额度。

② 纪军，付瑞鹏."碳关税"对中国经济的影响及应对措施 ［J］. 青岛行政学院学报，2014（05）：21.

也被称为"伞形集团"。① 除此以外，伊朗、伊拉克、科威特与沙特等石油输出国同样担心航运业的碳排放治理将导致各国能源需求减弱，进而影响其能源出口收入。

（二）欧盟推行的举措

与之形成鲜明对比的是欧盟试图推行的各种绿色航运政策与碳排放限制制度。2012 年，欧盟部分官员就曾提出应借鉴 2008 年《排放交易指令》将航空业纳入欧盟碳排放交易体系（EU ETS），所有船东都必须购买碳配额，无论其旗下船舶悬挂何种船旗，以涵盖在欧盟水域航行期间的所有排放量，并覆盖在欧盟港口起航或结束的国际航行船舶产生排放量的一半；甚至租用大型船舶的公司也被要求为其停靠欧盟港口的船舶 20% 的排放量购买配额，到 2026 年将增加到 100%。② 在遭到中美俄等多个国家的抵制之后，欧盟试图继续提出征收航海碳税的计划与设想，其单边措施再次受到了国内外多家航运企业的抵制与反对，甚至引发了是否违背《框架公约》"共同但有区别的责任"原则的争议；③ 2020 年 12 月，又有欧盟部分官员提出从 2021 年 1 月开始对停靠欧盟港口的船舶实行碳排放配额相关的法规草案；④ 2021 年 7 月，欧盟委员会公布了"减碳 55"（Fit for 55）一揽子气候计划，该计划一旦实施，将在全球范围内产生广泛影响，其中将涉及能源、运输、制造、航运、航空与农业等多个行业领域，一方面对当前欧盟的碳交易体系作出进一步的修订与调整，另一方面也创设了减排分担机制、碳边境调解机制、可再生能源指令、能源效率指令、可持续航空

---

① 曹明德. 中国参与国际气候治理的法律立场和策略：以气候正义为视角 [J]. 中国法学，2016（01）：35.

② 纪军，付瑞鹏. "碳关税"对中国经济的影响及应对措施 [J]. 青岛行政学院学报，2014（05）：21.

③ 胡斌. 欧盟海运碳排放交易机制的国际法分析 [D]. 武汉：武汉大学，2015：38.

④ 欧盟欲推行航运业碳排放配额制度，引发业界强烈反对 [EB/OL]. 中国水运网，http://www.zgsyb.com/news.html? aid=539877.

燃料与可持续航运燃料等相关内容；以可持续航运燃料为例，欧盟将通过对船舶使用燃料的温室气体含量设定最大限值，以此推动零排放技术与可持续海洋燃料的发展。① 综上，尽管欧盟采取航运碳排放治理单边举措的积极意义非常明显，但其背后的动机依然值得探究，部分学者就提出欧盟此举涉嫌违反《框架协议》与《京都议定书》规则，② 是以环保为名义以追求绿色航运产业的话语权，③ 拉动各国对于绿色环保设施与技术的需求，试图迫使各国航运企业为满足欧盟较为严苛的绿色航运标准，不惜采取航运业"长臂管辖"策略，扩大其在全球低碳技术与绿色能源方面的出口份额，从而达到转移其内部债务危机的真实目的。

当然，欧盟所遵循的部分绿色航运标准也被 IMO 借鉴与吸收。2014年，欧盟议会与理事会制定并颁布了航运业二氧化碳"检测—报告—验证"法规（MRV），④ 对进出或停靠欧盟港口的船舶开展碳排放检测，尤其是根据过往船只的单次与整年的耗油量以及二氧化碳排放量等关键数据进行监管；建立温室气体排放数据库，每年向 IMO 提交一份报告，并将其作为往来与停靠欧盟港口船舶应遵循的重要标准。⑤ 每两年对海上温室气体排放对于全球气候的影响作出评估，并及时调整，对不符合欧盟要求的船舶也实施相应的惩戒机制。⑥ MARPOL 附则Ⅵ第四章"船舶能效管理"纳入类似于欧盟 MRV 的油耗数据收集机制，对适用的船舶增加了二氧化

---

①　欧盟最新低碳发展政策 "Fit for 55" 一揽子计划解读 [EB/OL]. 搜狐网，https：//www. sohu. com/a/547458009_121119176.

②　朱作鑫. 欧盟海运温室气体减排政策合法性 [J]. 中国航海，2015，38（04）：103.

③　陈继红，张浩，罗萍. 欧盟航海碳税政策：行业影响与应对策略 [J]. 税务与经济，2016（05）：96.

④　徐华. 航运业失约巴黎协定 [J]. 中国船检，2016（01）：59.

⑤　胡斌. 欧盟海运碳排放交易机制的国际法分析 [D]. 武汉：武汉大学，2015：27.

⑥　例如，企业每超额排放 1 吨二氧化碳，将被课以 40 欧元的处罚；在正式运行阶段，该罚款额提高至每吨 100 欧元，并且该超额排放量还将从次年的企业排放许可权中扣除。

碳检测、验证与发证的要求。但就总体而言，欧盟的上述单边措施无法获得各主要航运国的广泛支持与普遍认同，究其原因，还在于各国追求的经济利益不完全一致，航运市场发展水平与总体规模差异较大。因此，在航运业碳排放治理的合作层面难以形成统一的联动机制与共同的预期目标，"各自为政"的治理格局导致了各国难以对绿色航运节能减排国际合作的开展形成合力。从某种意义上讲，全球航海碳排放交易体制的建构并非不可为之，但只有在 IMO 构建的监管框架与政府合作基础上才能实行，任何基于国家利益与经济需要而采取的单方面措施，例如单方面构建碳排放交易体系或拒绝参与国际合作将导致上述公约的实施与执行流于形式。

二、部分绿色航运节能减排国际合作治理的理念过于超前，容易形成"绿色航运壁垒"

当前 IMO 创设的部分绿色航运节能减排国际公约所提出的理念过于超前，其立法动机也许试图通过"先规范，后技术"的立法方式推动乃至倒逼绿色航运节能减排技术的发展与进步，旨在引领未来环保技术在航运领域的应用与创新，这一点在船舶"限碳"与"限硫"进程中均不同程度地得到了体现。

（一）船舶碳排放的限制

就船舶碳排放限制而言，IMO 颁布的相关规则并未直接围绕船舶碳排放限制与碳交易机制作出规定，而是追根溯源，针对航运业碳排放污染的源头作出规范，即从船舶建造与设计标准的制定以及船舶能效设计与管理方面入手，提出阶段性目标与整体性要求；但从实际效果上看，此种"揠苗助长"的立法理念所带来的结果可能适得其反。

MARPOL 附则 Ⅵ《防止船舶造成大气污染规则》创设了船舶能效设计指数（EEDI）与船舶能效管理计划（SEEMP），根据船型（散货船、气体运输船、液货船、集装箱船、普通杂货船、冷藏货物运输船、兼装船）与对应载重吨的不同划分为四个阶段,四个阶段的折减系数逐级提高。以载重吨超过 20000 吨的散货船和气体运输为例,附则要求其在第 0 阶段(2013—2014 年)的折减系数为 0,第 1 阶段(2015—2019 年)的折减系数为 10%,第 2 阶段(2020—2024 年)的折减系数为 20%,第 3 阶段(2025 年及以后)的折减系数为 30%。但在航运实践中,上述技术类碳强度指标的落实面临诸多技术上的瓶颈与障碍。根据相关统计,早在 2010 年,大约有 50% 的国产船舶未达到第 1 阶段所设定的标准;到 2013 年,满足第 1 阶段的船舶数量也仅仅为 60%;到 2020 年,船舶设计与制造的现状与第 3 阶段的实施目标相距甚远。然而 IMO 依然考虑要将第 3 阶段实施时间提前至 2023 年以及制定第 4 阶段目标的可能性,第 4 阶段的折减系数可能提升至 35% 或以上。① 按照当前国内在船舶节能减排技术的研发以及设备制造能力,已经无法仅仅依靠船型优化以实现 EEDI 的设计目标,需要综合考虑船舶能耗与新型能源动力等其他因素。因此,对于我国船东而言,一旦第 3 阶段要求强制实施,将会导致大量船舶面临淘汰,严重削弱我国商船队的市场竞争力。

而对于 SEEMP 设定目标的实施而言,也面临类似的困境。该计划对营运碳强度指标(CII)计算方法、报告程序、实施计划、自我评估与改进程序作出了明确规定,然而技术层面标准的设定缺乏"基于市场机制的调控措施"(MBM)所具备的灵活性。因此,相比遵循 SEEMP 所设定的强制性目标,有一种意见认为,更应当考虑设立国际船舶温室气体节能减排基金,② 构建船舶能效改善激励计划,推动港口国征收关税,建立船舶能效信用交易体系等非强制性措施以推动国际航运碳排放治理合作机制的构建与发展。

---

① 王思佳. 绿色航运的理念之变 [J]. 中国船检, 2019 (11): 26.

② 国际航运公会提议对部分船舶征收碳排放税 [J]. 中国航务周刊, 2021 (37): 17.

（二）船舶硫排放的限制

就船舶含硫燃料的使用而言，我国已加入的 MARPOL 附则Ⅵ《防止船舶造成大气污染规则》提出，"到 2012 年在全球范围内将远洋船舶使用燃料的硫含量降到 3.5%，到 2020 年降到 0.5%"。为此，国际海事组织海上环境保护委员会第 73 届会议曾经批准了《MARPOL 附则Ⅵ框架下关于 0.5%低硫油一致性实施的船舶执行计划指南》（Guidance on the development of a ship implementation plan for the consistent implementation of the 0.5% sulphur limit under MARPOL Annex Ⅵ），针对合规燃料风险评估（对于机械系统与油舱清理的影响）与缓解计划，燃料系统的修改和油舱清洗，燃料的装载容量和隔离能力，合规燃料的采购与燃料转化计划作出了相关指引。该委员会在第 74 届会议之后又发布了《关于 0.5%低硫油一致性实施的 2019 年指南》（2019 guidelines for consistent implementation of the 0.5% sulphur limit under MARPOL Ⅵ），除了总结低硫油对机械系统的影响之外，还对查证和控制机制以及合规燃料无法获得的应对作出了指导。

然而，低硫油使用标准与制度上的完善并不能掩盖低硫油本身在安全性方面的隐患与经济性方面的不足。在航运实践中，因使用低硫油而造成的船舶操作安全隐患依然层出不穷，经常出现低硫油通过常规安全监测，但却造成分油机、过滤器、主机缸套发生异常磨损的情况；对于船公司而言，也极大地增加了其经济负担，马士基航运和达飞轮船曾表示，一旦"限硫令"生效，每年公司将为此分别支付 20 亿美元和 15 亿美元的额外费用，[①] 更有可能造成大量中小型航运企业的破产。除此以外，还有安装脱硫塔与使用 LNG 等清洁能源作为满足实施要求与标准的技术手段，但此类替代方式同样受限于技术发展局限与改造成本制约。对于船东而言，为安装脱硫塔而投入大量资金之后，依然需要面临后续零部件的保养、维护

---

① 盘点 IMO "2020 限硫" 新政 ［EB/OL］. 搜狐网，https：//www. sohu. com/a/259155598_726565.

与消耗，以及发动机油耗提升与船舶操纵人员工作量增加等诸多挑战。更何况，新加坡、德国、拉脱维亚、阿联酋、比利时、立陶宛、中国等国家和地区的多个港口宣布禁止在一定范围内使用开式脱硫塔，更是增加了相关航运企业改造与船舶零部件替换的成本。而当前 LNG 燃料动力船舶的市场推广前景更是不容乐观，根据笔者调研结果显示，LNG 燃料动力船舶面临配套基础设施不足、营运成本较高、燃料价格竞争力不足、技术研发不成熟、制度规范不完善、操纵人员短缺等诸多问题。

总体而言，MARPOL 附则Ⅵ与相关操作指南仅仅就低硫油的使用提供了倡议性与指导性的建议，更多立足于船舶操纵技术规范的安全性与完整性的角度，并未站在船东的视角，综合全面考量其经营成本与竞争优势，也未针对脱硫塔的安装与 LNG 燃料动力船的使用提供行之有效的建议，更未对使用低硫油、安装脱硫塔与加注 LNG 燃料这三条路径的孰优孰劣提出明确的方案与路径。此种"先规范，后技术"的目标导向性立法思路可能对船舶公司经营造成巨大的风险，合规性要求可能会误导船东对将来航运技术发展趋势与走向的判断；技术的不确定性与规则的不明确性将严重影响"限硫令"在全球范围内的实施效果。根据一项调查显示：有 22% 的船东认为无论如何也无法达到 MARPOL "限硫令"的要求，① 在新冠疫情发生之后更是如此。如果说疫情期间受航运经济不景气的影响，船东使用低硫油与改建船舶缺乏市场推动力与行政主管机关的强制要求的话，那么待疫情基本结束之后，基于海外订单剧增、国外港口检验检疫措施升级、港口压箱现象严重等各种因素，总体运力供不应求与运力资源分配不均的现象将导致船舶绿色化进程的进一步延缓，因此，从目前的实施效果上看，MARPOL 设定的"限硫令"并未达到预期目标，即"到 2020 年在全球范围内将远洋船舶使用燃料的硫含量降到 0.5%"。综上，此种强制性的技术类碳强度指标的构建无益于绿色航运节能减排国际合作的开展，由于各国

---

① IMO 2020 限硫令，22% 的船东无法合规！［EB/OL］. 中国港口，http://www. chinaports. com/portlspnews/2316.

绿色航运技术水平的差异化程度较大，只有少数欧盟国家所设计与建造的船舶能够满足上述标准，但绝大多数的国家，包括我国在内，设计与建造的船舶无法在短期内达到 EEDI 第 3 阶段的要求。

（三）绿色航运壁垒的形成

在某种意义上，此种"先技术，后规范"的立法模式仅仅考虑了少数国家与企业的利益，未能兼顾大多数国家与企业的利益。可以想见的是，一旦强制实施，更将加剧绿色航运节能减排技术在全球范围内的不平衡发展，拉大各国之间的技术差距，最终受益的仅仅是欧盟等少数国家，而非绝大多数国家。尽管此类绿色航运节能减排国际公约的初衷均是为了保护海洋生态环境而设定了与之相应的行业技术标准与规范，但实际上却以保护海洋资源与环境为名，构建了过于超前的绿色航运政策与法律体系，极有可能在客观上形成了"绿色壁垒"甚至"绿色霸权"。此举在效果上可能压缩与限制我国航运产业发展的空间，对于既有的全球航运格局将产生深远的影响与冲击。事实上，"行业壁垒"均不同程度地存在于各行各业，在纺织业、建筑业以及高科技领域，此种技术先行者对于后人者不断设置的行业门槛与技术障碍旨在消除与避免市场竞争，巩固与加强市场份额。而在航运领域，这种行业壁垒的建立同样并非"一朝一夕"，当前只有少数航运发达国家建造与拆解的船舶符合上述标准与要求。鉴于我国绿色航运节能减排治理的起步较晚，与航运发达国家在理念、机制、标准与政策方面存在较大的差距，而这种差距为"绿色航运壁垒"的建构提供了天然的土壤与滋生的环境。因此，我国在开展绿色航运节能减排国际合作之时，尤其应当警惕部分国家以保护海洋环境为名义而构建的"绿色陷阱"与"绿色壁垒"。

对于产生上述问题的原因开展深入分析，可以总结为绿色航运节能减排技术的研发困境、国际海事组织的立法原则、国家与企业利益的维护三种，且相关问题的产生原因与构成要件往往不是单一型且相互孤立的，而是复合型且彼此联系的。换言之，上述三种原因可能共同作用导致相关问题的产生，也可能相互作用与链接，从一个问题引发转换成为另一个问题。例如，绿色航运节能减排技术与企业经营成本层面的问题，可能导致相关海事国际组织在立法理念与立法原则方面的偏差，而此种立法层面的偏差可能有损部分国家的合法权益，或者有利于部分企业的经济利益。在实质上，技术标准与行业规范之争、企业经营成本的控制、立法理念与立法原则之争已经间接发展成为国家与企业之间利益博弈的工具与手段。以船舶碳排放治理为例，相关节能减排技术路径主要包括：船舶设计能耗的优化、清洁能源的使用与港口岸电的推广，但究竟哪一种方案更为有效？是否有必要同时采用？业内尚未达成共识。因此，碳排放限制技术路径与清洁燃料替代方案的缺失有可能导致 IMO 在制定碳排放合作治理实施细则之时缺乏有效的行业先例与指导标准的指引，只出台强制性的温室气体减排目标，容易造成相关航运企业在制定实施战略决策以及国家制定中长期规划之时陷入无所适从与无据可循的境地，无法客观有效地评估与预计未来绿色航运产业发展的趋势，盲目跟风地推广与应用相关绿色节能技术；而一旦该项技术方案与技术路径被证明是无效的，或者在未来数年之内收益远低于成本，之前投入的巨额技术研发与技术进口资金将无法收回，更遑论大量航运资源、立法资源与行政资源的浪费；一旦航运企业在短期内无法收回成本，将严重影响所在国家推动航运碳排放治理的合作意愿，而研发资金的短缺将导致技术的研发再次陷入停滞的恶性循环，问题也将再一次回到原点。

反之，基于维护国家权益与企业利益的需要，通过各种方式争夺规则制定的话语权影响相关国际海事组织的立法理念与立法原则，在此基础之上制定形成的国际公约与行业标准同样可能影响绿色航运节能减排技术的研发与企业经营成本的控制。在本质上，维护国家权益与企业利益也间接成为技术标准与行业规范之争、企业经营成本的控制、立法理念与立法原则之争的途径与借口。如果少数欧盟国家为了扩大节能减排技术的出口权与争夺绿色航运标准的话语权而向 IMO 等海事国际组织施压，要求其在未来设定较高的技术标准，如率先开展 EEDI 第 4 阶段的试点；此种立法的倾向性可能会导致更多国家拒绝加入绿色航运节能减排国际合作与船舶碳排放协同治理，造成诸多航运企业经营成本的大幅上升与技术研发投入的严重不足，甚至致使我国大量集装箱与散货船面临淘汰，进而引发究竟是否应当采取碳排放治理与节能减排技术路径的重大争议。

三、传统碳交易机制未能充分考虑航运业碳排放的特殊性，存在适用层面的障碍

碳排放交易机制起源于《京都议定书》规定的灵活减排机制，其中主要涉及了联合履行机制、清洁发展机制和排放贸易机制，要求几乎所有国家均实行新的强制性政策，针对能源和二氧化碳课税，通过建立碳排放权交易计划等具体措施以兑现减少气体排放的承诺，履行"共同但有区别的责任"原则。具体而言，根据不同的交易主体、交易对象、交易类型、交易方式与交易规则，上述三种减排机制共同构成了碳交易机制的法律基础；从功能上讲，建立碳市场与建立碳交易机制有助于体现碳排放空间的资源属性，发挥市场机制在航运资源配置与节能减排进程中的决定作用。尽管该框架公约同样适用于航运领域，但是在控制船舶排放方面取得的成果与达成的共识较少，在航运碳排放交易制度方面并未达成区域性与国际性协议，各国并未达成一致的谈判时间表与实施进度表，缺乏相关制度发展的法律基础与容错空间。至今为止，国际社会尚未在航运领域达成任何一项碳排放交易机制。其根本原因在于：航运碳交易机制的实施在交易主体、交易对象、交易总量、交易类型、交易方式等方面存在认定层面的障碍与困境，导致传统碳交易机制无法完全覆盖与照搬适用于航运领域。

（一）碳排放权交易主体

就交易主体而言，《京都议定书》项下三大机制所适用的主体不尽相同。其中，联合履行机制适用的交易主体为附件一国家与经济转型体，清洁发展机制适用的交易主体为附件一与非附件一国家，国际排放贸易机制适用的交易主体为附件一国家及其授权的法律实体；欧盟 ETS 适用的交易主体主要为能源、矿业与航空等行业中具有一定规模的企业与非政府组

织，美国自愿性碳排放交易制度适用的交易主体为国家、地区、组织与个
人。由于上述适用主体的对象主要是能源、电力与林业等陆上企业，因
此，在责任主体认定方面相对容易，但相比陆上企业，航运企业显然与之
不同，在确定各国航运企业的实际碳排放量、碳配额乃至碳信用之时存在
较大的不确定性与不稳定性，容易产生较大的分歧与争议。这一方面可能
是由于当前船舶方便旗制度所造成的，另一方面可能是船舶所有权与经营
权分离的现状所引起的。就前者而言，方便旗船舶登记制度以其低廉的登
记费用与宽松的登记程序在受到船东青睐的同时，也曾屡次被人诟病的一
点在于：全球主要实施方便旗制度的港口国，如柬埔寨、塞浦路斯与巴拿
马，缺乏对船舶实际营运与环保现状的监管能力与监管手段，甚至方便旗
船极少在该国所在海域航行与营运，能否将航运碳交易制度适用于方便旗
国或登记港所在国家存在较大争议。就后者而言，将船舶所有人、船舶经
营人、船舶承租人抑或实际控制人认定为碳排放的责任主体或交易主体？
上述问题尚未引起环保领域与航运界从业人士以及学术界足够的重视，传
统海商法领域的关注焦点更多的是海运纠纷中民事责任方的认定，而非行
政责任主体乃至刑事责任主体的认定。

（二）碳排放权交易对象

就交易对象而言，一方面，处于航行状态的船舶可能会排放大量二氧
化碳，再加上洋流的作用与气候的影响，船舶碳排放区域可能时刻发生变
化，而处于停泊状态的船舶同样有可能排放大量废气，对停靠港与锚泊港
所在的港口城市造成严重大气污染。以我国香港地区为例，影响城市空气
质量的主要因素是船舶污染排放，此类污染在空气污染物总量中的占比超
过50%；早在2016年，船舶排放的二氧化硫、氮氧化物、PM10和PM2.5
的排放占比就分别高达49%、37%、38%和44%。① 在上海、深圳、天津

---

① 船舶污染物排放不可忽视，但水运仍是相对清洁的运输方式［EB/OL］. 中国
经济周刊，https：//baijiahao. baidu. com/s？id＝1606404173667325466&wfr＝spider&for＝
pc.

等内陆港口城市，船舶污染的程度同样十分严峻。海洋环境的不可预测性与船舶实时定位的不确定性不利于搜集与汇总船舶在各个阶段排放二氧化碳等大气污染的动态与趋势；另一方面，船舶的营运还涉及更新、折旧与报废等问题，相比陆上能源设施与交通工具计算碳排放总量的方式，船舶营运与航行的周期更长，日常维护与检修更为频繁，难以运用传统的碳足迹来计算船舶碳排放总量。除此以外，碳交易的对象其实并不限于二氧化碳，《京都议定书》总计规定了 6 种温室气体，分别为二氧化碳、甲烷、氧化亚氮、氢氟碳化物、全氟化碳、六氟化硫。但事实上，船舶在营运之时所排放的大气污染种类并不限于上述范围，还包括了二氧化硫、硫氧化物与颗粒物。换言之，船舶在营运过程中所排放大气污染的成分、比例与份额难以确定与厘清，即对于船舶在一个航次或者多个航次所排放的大气污染，只能计算船舶污染的总量，而无法区分其中究竟包含多少二氧化碳、二氧化硫以及颗粒物，此种现状显然不利于航运碳排放交易机制的构建与形成。

第四节　加强船舶大气污染国际合作治理的措施与路径

一、强化航运碳排放合作治理法律机制，实现各国经济利益诉求平衡

如上文所述，无论是美国、日本、加拿大与澳大利亚等基于本国劳工权益与经济利益的保护，伊朗、伊拉克、科威特与沙特等石油输出国出于扩大能源出口考量而推行的绿色航运政策与法律，还是欧盟以环保为名义争夺绿色航运产业的话语权而试图征收航海碳税的计划设想或者实施碳排放份额的法规草案，都是该国基于本国利益诉求与价值判断而采取的单边法律行动。

因此，全球航运碳交易机制的构建应在充分考虑各国利益与各方诉求

的基础之上，在 IMO 框架下构建相应的航运碳排放国际公约与国际规则；① 具体而言，要求缔约方依然遵循《框架公约》所要求的"共同但有区别的责任"的基本原则与立法主旨；同时，借鉴该公约的做法，将缔约国分类为附件一与非附件一国家，附件一为传统意义上的航运发达国家，如英国、美国、欧盟部分国家等；非附件一国家为航运欠发达国家，而判断该国航运产业发达与否的标准可以结合该国登记船舶数量与吨位、在该国注册航运企业的数量与规模、该国港口数量与货物吞吐量乃至绿色航运节能减排技术的发展水平等因素加以确定。就基本原则的履行与具体措施的执行而言，建议参照《巴黎协定》的立法体例与具体规则，确立航运碳排放"自下而上"的"自愿减排"原则，而非《京都议定书》所设定的"自上而下"的"量化减排""强制减排"模式，建立航运业的"国家信息通报"制度；要求附件一国家承担更重的节能减排责任与更多的"国家自主贡献"，承诺编制、定期公布船舶排放温室气体清单；该国航运主管部门应定期制定、执行、更新碳排放治理措施与评估报告，要求在评估报告中明确各项节能减排措施的实施进度、设计思路、具体目标、适用范围与实施条件的参考标准与参照口径。相比之下，非附件一国家则承担相对较轻的节能减排责任，航运发达国家应向航运欠发达国家定期提供相应的绿色航运节能减排技术与配套资金以帮助与支持其履行"国家自主贡献"的义务。例如，可以针对部分对海洋环境构成严重污染的航运发达国家与航运企业征收碳关税，并将该笔款项存入"气候基金"（IMO Climate Fund)；② 该基金旨在缩小清洁燃料和传统燃料之间的价格差距，主要用于航运欠发达国家清洁燃料加注与供应的基础设施建设，以确保航运发达国家和欠发达国家航运碳排放合作治理的推进与利益诉求的平衡。

同时，我国也应与包括波罗的海国际航运公会（以下简称 BIMCO）在

---

① 黄小喜，郑远民．国际碳交易法律规范的软法性研究［J］．深圳大学学报（人文社会科学版），2012，29（05）：76．

② 胡斌．欧盟海运碳排放交易机制的国际法分析［D］．武汉：武汉大学，2015：59．

内的国际航运组织积极沟通，协商制定绿色航运标准格式合同，推动航次租船、定期租船与光船租赁格式合同之中增加环保减排责任条款，从而推动国际公法标准与行业私法规则的融合。由于传统绿色航运节能减排国际公约缺乏强制实施的配套机制与相应的惩戒机制，更多的为倡导性的规定，这意味着相关企业一旦违反了公法设定的标准与要求，是否会面临行政处罚完全依据各国国内法的规定。而在航运实践中，不仅国际公约层面尚未建立司法与执法的联动机制，而且不少国家对违反绿色节能减排的法律行为也未能出台相应的惩戒措施，在很大程度上导致国际公约条款在航运实践中落空，未能发挥其预期的作用，这也是作为"软法"的国际公约在国内实施过程中的通病；相比之下，节能减排条款的设立有利于规避此类通病，从私法角度追究承运人或经营人的法律责任，要求其承担相应的赔偿责任。例如，BIMCO 推出了"航程租船合同准时到达条款"（JIT），旨在要求散货船经营人在不偏航的前提下，以限度内最快的速度在最佳时间之内抵达目的港，通过减少船舶在港停留时间，从而降低燃料消耗与排放，缓解港口拥堵现象。笔者认为，船舶排放二氧化碳与二氧化硫的数量除了和航速有关，还与船舶日常维护相关联。建议除了船舶经营人或承租人之外，还应当在航次租船标准合同中要求船舶所有人承担一定的节能减排的法律责任。例如，明确船舶所有人与租船人关于法律责任的承担方式与责任比例，相关的法律依据为 MARPOL 及其相应的附则和其他国际公约与国际标准，通过标准格式合同的执行与实施有效落实绿色航运类公法的要求与规定。因此，我国应当发挥引领的作用，积极促使绿色航运标准格式合同的出台。

二、开展绿色航运节能减排技术研发合作，谨慎加入、实施绿色航运节能减排国际公约

对于技术瓶颈层面的问题，笔者认为，应当冷静客观地分析问题产生的根源与实质，逐步解决技术、立法与利益等造成公约与标准实施困境的重要因素与根本原因，最大限度避免"技术瓶颈→立法偏差→利益受损→

技术瓶颈"的恶性循环以及"利益偏向→立法偏差→技术瓶颈→利益受损"的连锁反应。例如，我国通过与 IMO 其他缔约成员国开展技术研发层面的合作，通过政府间签订合作框架协议书、合作意向书与备忘录，民间科研机构与航运企业签订具体合作协议等多元化形式开展绿色节能减排技术在航运产业领域的应用，尤其是着重在船舶大气污染物（氮氧化物、硫氧化物、颗粒物与二氧化碳）排放限制、船舶建造与拆解、船型标准化、LNG 船舶的推广与港口共建等绿色能效技术发展与绿色行业标准的建立等重点领域开展技术合作与行业交流。通过共同设立产业投资基金的方式在根本上解决资金来源问题，在船舶能源数据收集、大数据技术分析、节能减排设施的设计与安装等诸多方面开展合作。[①]　同时，在技术成果转化成功或验证可行之后，根据合作协议的规定进行绿色航运节能减排技术的分享与转让收益的共享，共同制定绿色航运节能减排技术的行业标准。在实施的路径上，可以立足我国主导建立的"一带一路"倡议与 RCEP 协定的框架之下，以上述倡议与协定为制度载体，联合众多沿线国与成员国共同发布区域间绿色航运节能减排技术发展共同宣言，旨在有效推动绿色航运节能减排技术的研发与航运贸易的繁荣协同发展，从而在制度框架上建立以我国为主导的船舶绿色航运节能减排技术标准体系，避免受制于少数国家建立的"绿色航运壁垒"，为全球绿色航运节能减排技术的良性发展构建示范效应。

在国际公约的加入与缔约层面，我国应当做两手准备：一方面，应当积极参与绿色航运节能减排国际公约的制定与修改，派遣专家学者与业内人士参与 MEPC 主导的各项议程，[②] 在涉及航运碳排放限制与碳交易制度谈判进程中，确立"先技术，后规范"的立法理念，避免"先规范，后技术"的立法思路，杜绝立法上的冒进措施与激进态度；从本质上讲，确立立法理念与基本原则的本质与目的是维护国家权益与企业利益，我国应利

---

① 陈继红，张浩，罗萍. 欧盟航海碳税政策：行业影响与应对策略 [J]. 税务与经济，2016（05）：97.

② 马得懿. 海运温室气体减排规制及中国的因应之策 [J]. 学习与实践，2015（02）：83.

用航运大国的地位争取航运规则制定的主导权，通过在国际主流平台中频繁发声，尽可能影响相关绿色航运节能减排国际公约的立法走向与立法导向，从而在最大限度上维护我国船东的利益。另一方面，对于既有绿色航运节能减排国际公约的加入与批准应当格外慎重，应立足于我国航运市场与现实国情进行周密考虑，并非一味全盘接受或全盘拒绝，而是凝聚共识，在与各国政府，尤其是航运大国与贸易大国航运主管机构充分协商的基础之上开展国际合作。在立法过程中，最重要的一点就是协调缔约国各方的合法利益，对于国际贸易与航运形势作出全面理性的判断，对于国家与国家之间利益冲突，应尽量在国际公约框架之内，以友好协商的方式解决，避免一方得利，另一方受损的"零和博弈"。以此类推，绿色航运类国际公约与碳排放行业标准的构建也应当建立在制度框架内，通过适度的利益让渡，实现航运贸易"双赢"。

在航运碳排放与硫排放治理层面，立足于我国基本国情与航运业态基础循序渐进、稳步推进，积极输出"中国方案""中国智慧"，而非构建"绿色壁垒"与"绿色霸权"。具体而言，在我国加入与实施相关国际公约之时应当持谨慎的态度。对于我国已经缔约加入的国际公约，例如MARPOL以及相关附则、《框架公约》及其相关议定书，应当稳步推进实施计划，在国内外港航企业充分协商与客观评估现行绿色航运节能减排技术标准与预期目标之间的差距之后，制定中长期发展规划，分阶段分节点实施国际公约设定的要求，而非亦步亦趋。例如，全面客观地评估其未来实施的风险性与可行性，适当降低各个阶段航运二氧化碳与二氧化硫排放限制的实施条件，放宽各个阶段的实施期限。在考虑"路径依赖"问题的同时，将船舶营运方、货方与港口方等航运产业上下游企业造成的影响考虑在内；在取得国内外船方、港口方与货方共同意见，权益利弊得失的基础之上，待国内外绿色航运产业技术发展路径与实施方案相对成熟之后再加入或实施，从而避免对我国整体航运产业造成负面影响。建议可以在不违反公约基本原则的前提下，适当放宽各阶段实施的具体期限，尤其是在当前疫情对航运业的影响仍在持续的背景下。例如，将"到2020年将全球远洋船舶使用燃料的硫含量降到0.5%"的限硫目标推迟至2025年实施；将"船舶能效设计指数EDDI第2阶段（2020—2024年）的折减系数为20%"推迟至第3阶段（2025年及以后）实施，将"EDDI第3阶段的折减系数为30%"推迟至未来的第4阶段生效。

三、确立航运业碳交易国际合作机制，推动碳排放交易渠道的互通

基于《京都议定书》项下的三项碳交易机制未能充分考虑到航运业的特殊性，航运碳交易机制的实施在交易主体、交易对象、交易总量、交易类型、交易方式等方面存在适用困境。笔者认为，应当在IMO的主导下，尽快确立航运业碳交易国际合作机制，将航运业纳入碳交易体系,[1] 继续发挥碳交易这一市场工具的重要作用与价值,[2] 推动航运碳排放配额与信用交易渠道的畅通。

就交易主体而言，考虑到由于方便旗船制度的普遍实施、船舶所有权与经营权分离等诸多现实原因，在建立航运碳交易机制之时，应当特别考虑附件一国家（航运发达国家）与非附件一国家（航运欠发达国家）、地区、组织与个人所拥有或者控制船舶的数量、营运状况与航行路线的差异。原则上，应在各方协商一致的前提下构建船舶碳排放交易体系，遵循"谁受益，谁负责"的"间接征收"原则，而非"谁排放，谁负责"的"直接征收"原则。[3] 但要避免类似于欧盟出台航海碳排放交易制度的单方面立法行为与美国单方面退出国际协定的情形。

具体而言，对于登记国所采取的船舶登记制度，应当分情形加以认定，究竟实施的是方便旗船制度，还是严格登记制度，登记国是否有能力

---

① 朱作鑫. 欧盟海运温室气体减排政策合法性［J］. 中国航海，2015，38（04）：105.

② 曹明德. 中国碳排放交易面临的法律问题和立法建议［J］. 法商研究，2021，38（05）：33.

③ 杨磊. 绿色航运，谁来"买单"？［J］. 中国远洋海运，2020（04）：37.

或有意愿对船舶的日常营运与环保设施进行有效的监督与控制？如果答案是肯定的，那么应将船舶登记国列为责任主体，因为此类采取严格登记制的国家往往要求航运企业在本国设立分支机构、雇佣本国船员或者设定外资控股比的限制，既然该国是船舶营运的受益方，则应承担相应的节能减排责任。如果答案是否定的，那么该船东或船舶实际控制人所登记的国家应被列为责任主体，因为从本质上讲，巴拿马、塞浦路斯、利比里亚等实施方便旗制度的国家仅仅收取了一定的注册登记费用，它们并非最大受益方，该船东或船舶实际控制人所登记的国家才是最大受益方；而航运企业的日常经营不仅意味着将向政府缴纳大量的税收，为当地创造了大量的就业机会与工作岗位，还将同时带动航运相关产业，例如保险、金融与法律等相关业务的协同联动发展，该登记国应承担相应的碳排放节能减排责任。另外，对于涉及委托与租赁的船舶碳排放治理，可能涉及船舶所有人、船舶经营人、船舶承租人抑或实际控制人等多个主体，应当根据海上货物运输的性质与合同的约定来确定相应的责任主体。例如，定期租船合同一般约定由船舶所有人负责船舶的日常维护与定期保养，由船舶经营人或承租人负责船舶航线安排与日常营运，鉴于船舶营运所产生的经济利益主要由船舶经营人或承租人享有，应由其承担相应的节能减排责任。

就交易对象而言，考虑到船舶无论是处于停泊状态还是航行状态都将排放大量的二氧化碳等大气污染，大气污染排放的类型也不限于二氧化碳等六种温室气体；同时，船舶营运与航行的周期更长，日常维护与检修更为频繁，难以运用传统的碳足迹来计算船舶碳排放总量，因此应当在立法中增强碳排放交易制度的确定性与透明性。

具体而言，可以借鉴《巴黎协定》第 6 条的内容并加以改革，制定相应的航运碳交易制度的实施细则，建立符合我国国情的碳排放治理国际合作的市场机制。① 其中，市场机制涉及减缓成果的国际转让以及核证减

---

① 马得懿. 海运温室气体减排规制及中国的因应之策［J］. 学习与实践，2015（02）：83.

排机制。所谓"航运碳排放减缓成果的国际转让",是指缔约方通过购买和使用其他合作方的减缓成果以实现自身国家自主贡献的交易机制。建议可以由 IMO 牵头,邀请相关技术专家根据船舶航行区域、船舶类型、航行周期、船舶年限、改造费用与经营成本等相关因素确定相关碳排放份额、减缓成果以及自主贡献,将其列入相关绿色航运节能减排国际公约附则,作为今后航运碳排放交易的具体参照,并结合航运技术发展水平与全球气候变化动态作出及时调整与更新。总体而言,减缓成果的国际转让机制有利于破解因船舶排放总量不确定性(船舶移动与更新改造)而难以认定碳排放份额的困境。所谓"航运核证减排机制"(CCER),是由航运碳排放治理的国际公约缔约方会议建立的核证减缓活动产生的减排量的机制,该机制由 IMO 指定的一个机构负责监督实施,机制的规则、模式和程序也由 IMO 制定。经过 IMO 核证的减排量可被用于认定东道缔约方或者从事减排活动缔约方的国家自主贡献,赋予上述缔约方以核证自愿减排量或抵销碳排放配额的权利。总体而言,核证减排机制有助于解决因船舶排放大气污染类型多元化而难以确定碳排放配额的障碍。

鉴于当前各行各业所采取碳排放交易市场都是封闭与独立的,建议待时机成熟之时打通船舶碳排放与其他领域碳排放(例如航空、工厂废气、汽车尾气)之间的交易市场与交易渠道。加强各个排放权交易所的竞争与合作,在各个交易所的基础之上,组建全国一体化的排放权交易市场;一体化的排放权市场不仅有利于降低排放主体的交易成本,而且也是一个更有利于排放主体参与国际市场的有效途径,① 为航运碳排放限制与碳交易机制的国际公约延伸与扩展适用于所有碳排放领域提供制度基础与规则保障。例如,允许沿海国与内陆国进行碳排放信用的交易,沿海国可以将未使用的多余核证减排量与沿海国进行交易,从而避免碳

---

① 郑少华,孟飞. 论排放权市场的时空维度:低碳经济的立法基础 [J]. 政治与法律,2010(11):91.

信用额度的浪费；允许航运企业与非航运企业就碳排放配额进行交易，航运企业可以将节省的碳排放配额与其他类型企业进行交易，从而换取一定的经济补偿，反之亦然；从而逐步取消全球碳排放治理的"双轨制"，弥补全球气候变化治理体系与以 MARPOL 为代表的船舶碳排放治理体系之间的"裂隙"，在保留航运碳交易机制一定特殊性的同时，推动与促进 IMO 航运碳交易制度与《巴黎协定》框架下普通碳交易机制走向融合与趋同。

第五节　我国绿色航运节能减排措施与适用政策法规梳理

除了上述全球气候变化治理国际公约之外，涉及船舶大气污染防治的政策与法律规范还包括我国曾经颁布实施的一系列航运节能减排的政策法规。为切实履行全球气候变化治理体系的要求与习近平总书记关于"绿水青山就是金山银山"的讲话精神，我国政府曾缔结、参与、出台并实施了一系列船舶大气污染防治的法律法规与航运政策来应对各种海洋环境污染的常态化，例如参加了 MARPOL 及其相关附件以及《国际控制船舶有害防污底系统公约》《国际使用气体或其他低闪点燃料船舶安全规则》，在此框架基础上制定并颁布了相关国内法律法规与航运政策，例如《大气污染防治法》《船舶大气污染物排放控制区实施方案》《2020 年全球船用燃油限硫令实施方案》《内河绿色船舶规范（2020）》等，除此以外，还有各省市颁布的地方性法规、政府规章、相应实施细则与实施方案，受本书篇幅所限，在此不作详尽列举。

当前，节能减排技术在我国航运领域的具体应用与发展趋势主要集中在以下几个领域，如表 3-1 所示，分别从船方与港口方的视角作出审视，其中部分领域已经形成了法律法规与航运政策，而部分领域则缺少法律法规与航运政策的规制与促进。

表 3-1

受调整对象		是否存在相应政策法规	节能减排技术	政策法规	规定内容
船舶	船舶营运周期	有政策法规	老龄船、超龄船淘汰	《老旧运输船舶管理规定》《老旧运输船舶和单壳油轮提前报废更新实施方案》《老旧运输船舶和单壳油轮报废更新中央财政补助专项资金管理办法》	各类船舶的使用年限与营运周期，以经济政策鼓励能耗高、安全和污染风险大的老旧运输船舶和单壳油轮提前淘汰等。
	轮机	有政策法规	低硫油的使用脱硫塔的安装	《船舶大气污染物排放控制区实施方案》	海船进入内河控制区，应使用硫含量不大于0.1%m/m的船用燃油。未使用污染控制装置等替代措施的船舶进入排放控制区只能装载和使用规定的船用燃油。
				加入 MARPOL，制定《2020年全球船用燃油限硫令实施方案》	国际航行船舶进入我国管辖水域应使用硫含量不超过0.50%m/m的燃油。
				《中华人民共和国大气污染防治法》	第62条：排放符合国家标准的，方可运营。
			LNG 动力船舶	加入《国际使用气体或其他低闪点燃料船舶安全规则》，制定《内河绿色船舶规范（2020）》	第五章 对清洁能源船舶的评定

续表

受调整对象		是否存在相应政策法规	节能减排技术	政策法规	规定内容
船舶	轮机	无政策法规	轴带辅机	无	船舶主机和辅机并轴处理，主机在提供动力的同时也可以发电，减少原来辅机的燃油消耗，降低机舱内的噪声污染，减少润滑油消耗及维护保养费用。
			制冷剂	无	中国船级社环保标准（入级符号"CLEAN"）仅规定：禁止使用消耗臭氧物质的制冷剂，如 CFC。实践中，船舶制冷剂多以环保的 R404A、R407C 来减少其他制冷剂（对环境有害）的使用。
	甲板	有政策法规	防污底系统	我国曾加入《国际控制船舶有害防污底系统公约》制定了《内河绿色船舶规范（2020）》	公约中的附件 1：对船舶防污底系统的控制要求。因 TBT 防污漆对海洋生物有害，所以被逐步淘汰，替代 TBT 的新型防污漆：铜镍合金船壳；"Sea Nine"防污涂料；希尔达产品；"辣素防污漆"。
					绿色规范 3.3.5：船舶防污底系统不应含有作为生物杀灭剂的有机锡化合物、DDT 以及主管机关禁止使用的其他有害物质。
		无政策法规	垃圾处理	无	我国曾加入 MARPOL 附则 V，要求垃圾要在离岸不少于 12 海里处排放。

续表

受调整对象	是否存在相应政策法规	节能减排技术	政策法规	规定内容
港口	有政策法规	港口岸电	《港口和船舶岸电管理办法》	支持码头岸电设施改造和船舶受电设施安装，鼓励船舶靠港使用岸电。
			《中华人民共和国大气污染防治法》	第63条：新建码头应当规划、设计和建设岸基供电设施；已建成的码头应当逐步实施岸基供电设施改造。船舶靠港后应当优先使用岸电。
		防风抑尘网、绿化生态抑尘、智能喷淋等	《中华人民共和国大气污染防治法》	第69条：建设单位应当将防治扬尘污染的费用列入工程造价，并在施工承包合同中明确施工单位扬尘污染防治责任。施工单位应当制定具体的施工扬尘污染防治实施方案。 第72条：贮存煤炭、砂土等物料应当密闭；不能密闭的，应当设置不低于堆放物高度的严密围挡。
			《水运工程环境保护设计规范》	第五章 防尘除尘应符合标准

续表

受调整对象	是否存在相应政策法规	节能减排技术	政策法规	规定内容
港口	无政策法规	纯电动拖轮	无	2020年9月，海事局下发了《中华人民共和国海事局关于同意4000HP纯电动拖轮采用磷酸铁锂电池替代柴油发电机组的批复》，意味着我国自主建造的纯电动拖轮得到批准，然而我国缺少主动力源为纯电池的船舶相关规定，即该轮建造无法规依据，无法进行检验、发证等。再者，该轮是否属于《国际避碰规则》中的机动船，是否承担避让责任也存在疑问。
		智慧港口	无	我国部分省市已开展节能环保项目，暂未找到相关法规。
		场桥"油改电"		
		堆场照明灯LED改造		
		LNG集卡的应用		
		港内集卡"一拖双挂"		

综上所述，我国部分绿色节能减排技术在航运领域的应用缺乏制度的规范与调整，对于此类政策与法规缺失，应当随着绿色航运节能减排技术的发展与成熟及时在立法之时作出弥补、予以回应，规范技术的应用，明确相应的法律责任。但即使对于那些受法律法规与航运政策调整的绿色航

运节能减排措施，基于各种主客观因素，受限于技术本身的研发、体制机制与立法技术的疏忽等诸多原因，在绿色节能减排技术的实际应用与推广普及过程中依然存在较大完善的空间与改进的余地，相关航运政策与法律法规亟需进一步完善与修改。

第六节　我国绿色航运节能减排面临的困境与政策法规存在的主要问题

我国绿色航运节能减排在发展过程中存在的技术与法律问题不容忽视：其一，受限于技术本身研发周期较长、难度较大与升级成本过高等因素，绿色节能减排技术的市场应用前景与接受度尚存疑问；其二，与之配套的绿色航运节能减排政策与法律制度存在诸多缺失与不足，这些不足部分可以归结为技术方面的原因，部分可以归结为体制机制的原因，部分可以归结为立法技术本身存在的疏忽，应当予以总结与反思。

本书重点选取"老龄船与超龄船的淘汰""低硫油的使用""LNG 船舶的建造与推广"以及"港口岸电设施的安装"四个方面，对相关绿色航运节能减排技术应用所面临的困境与当前我国政策法规存在的主要问题作出分析。

一、老龄船与超龄船的淘汰问题

以老龄船、超龄船的淘汰为例，尽管交通运输部、工信部、发改委等部委曾多次发文鼓励淘汰老旧船舶，建造符合国际新规范、新公约、新标准要求的新型船舶，改善运力结构，但是在实际营运过程中依然存在监管不严与超期使用等情形，各地落实老旧船舶淘汰与单壳油轮报废的进度与实施要求并不一致，部分省份为了提高航运周转率，提升港口与码头作业吞吐量，对船舶超龄航行等违法违规事由监管不严，采取默认与不作为态度。

在企业经营的层面，航运市场的"逆向淘汰"机制也推动了船舶超期营运的现象频发，对我国各省市绿色航运节能减排政策的联动提出了新挑战。在笔者调研过程中，有部分业内人士反映：一方面，现有船舶淘汰速度过快，随着船舶大型化与技术化的深入，资本与技术对于航运市场的影响与日俱增，对于船舶营运周期与使用寿命的认定标准也不能依据几十年之前所制定的标准来确定；另一方面，应避免"劣币驱逐良币"的趋势出现。类似于中远海运规模的大公司在船舶维护、管理保养投入的成本与精力比较大，而一些中小型航运公司在这一方面相对薄弱，这也是现有企业的体制机制所决定的。在航运市场中，大型的航运企业大多为国企，其管理能力较强，但市场响应速度较慢；而中小型航运企业大多为民营企业，民营企业在市场反应速度与业务灵活性上更强，相对而言，在安全保障投入上稍有不足。如果一艘船舶的设计使用寿命为20年，而法律法规要求企业在15年之内全部淘汰此种类型的船舶，那么企业之前在保养与管理方面的投入就丧失其意义。与此相反，安全与环保方面投入不足的公司反而节约了成本，造成了"劣币驱逐良币"现象的发生。

二、低硫油的使用问题

对于低硫油的使用也存在类似问题。尽管交通运输部与各省份均对船用低硫油的使用期限、使用范围与使用标准作出了明确限制，发布了《2020年全球船用燃料限硫令实施方案》《关于上海港实施船舶排放控制区的通告》《浙江省船舶污染排放控制区实施方案》《长三角水域江苏省船舶排放控制区实施方案》等。然而在实践中，我国不同地区与不同省份对于"限硫令"的落实程度不尽相同，此项政策实施的前景不容乐观。上述政策性文件主要是针对沿海海域低硫油使用的规范，即使能够确保污染排放控制区内使用符合标准的低硫油，也难以保证船舶在我国所有沿海海域均在特定时间节点之前使用硫含量低于0.5%的燃油。除了技术上的原因之外（例如脱硫塔的改装方面存在较多的技术短板，存在较为严重的安全隐患；合规船用低硫燃油生产供应不足，国内炼厂不愿直接生产低硫油①），更主要的原因还在于各省市尚未出台综合配套政策对于使用低硫油的船舶予以适当的补助与扶持，致使船东没有动力为船舶加注符合 MARPOL 标准的低硫油。

三、LNG 船舶的建造与推广问题

对于 LNG 船舶的建造与推广，交通运输部在"十二五"期间出台的发展规划明确要求采用新能源动力船等节能环保型船舶，如 LNG 船;② 并在之后相继发布《液化天然气码头设计规范》《液化天然气加注码头设计规范（试行）》《内河运输船舶标准船型指标体系》等标准规范，中国船级社也发布了《天然气燃料动力船建造规范》《内河天然气燃料动力船舶法定检验暂行规定》《内河绿色船舶规范（2020）》等行业规范，论证了 LNG 等清洁能源对于传统化石能源替代的可行性。然而，当前 LNG 等新能源船队规模依然较小，国内航运企业之中仅有中远海运营运 40 多艘 LNG 船舶，LPG 动力船舶数量为零。国外航运企业之中主要是达飞轮船配套了多艘 LNG 船舶经营中欧航线。除了新建 LNG 动力船舶与改装 LNG 动力的成本较高之外，在航运实践中，此类船舶的营运与推广面临的最大障碍就在于 LNG 燃料加注设施的匮乏。

根据笔者对上港集团的调研，洋山港在加注基础设施方面的投入力度远远不够，尽管能够实现 LNG 燃料的加注作业，但是成本比较高。③ 目前，长三角区域除了舟山之外，LNG 加注设施的安装严重不足。自 2014

---

① 王海潮. 船舶减排助力绿色航运发展 [J]. 中国海事，2017（09）：8.

② 交通运输"十二五"发展规划 [EB/OL]. 中华人民共和国交通运输部官网，http://zizhan.mot.gov.cn/zhuantizhuanlan/jiaotongguihua/shierwujiaotongyunshufazhanguihua/jiaotongyunshushierwufazhanguihua_SRWJTFZGH/201106/t20110613_954154.html.

③ 当前，全 LNG 驱动的船不太多，法国达飞目前正在试点运营，在法国加注之后大约能够航行 60~70 天，上海港也可以建造 LNG 加注基础设施，但关键是提供的价格没有市场竞争力与吸引力。尽管上海市场 LNG 燃料的消耗量也比较大，但是尚未实现保税加注，所以船舶公司普遍不愿意来上海加注 LNG 燃料。

年交通运输部开始牵头组织试点示范项目建设以来，仅有 24 个内河水运 LNG 试点示范项目落地，覆盖上海、江苏、安徽、湖南、重庆、广西、湖北、江西等多个长江、西江沿线省市。部分项目在推动 LNG 加注站标准规范方面发挥了积极作用，但真正落地运营的项目并不多。在 LNG 船舶数量较少的情况下，加注设施利用率较低，投资回收期较长，造成港口投资的积极性普遍不高，已运营项目基本处于亏损状态，甚至有可能出现 LNG 船舶在某一港口加注之后因得不到补充而无法续航的情况。部分企业还表示：每次加注 LNG 燃料，要用 2 台大吊车将气罐吊上卡车，运到燃气站加满后再运回来，在增加成本的同时还存在安全隐患。① 另外，加注站选址涉及住建、交通、国土、国家发改委等多个部门，存在属性不清、缺乏审批程序、建设复杂困难等诸多问题；建成后还受站点补液困难、审批手续不全的影响，因此，加注网络不完善与 LNG 动力船建造成本过高的因素相互叠加，极大地影响了 LNG 船舶的推广，引发了业内对此类新能源应用前景的质疑，认为仅凭 LNG 燃料难以实现航运业碳排放限制的目标。②

四、港口岸电设施的安装问题

对于港口岸电设施的安装，《大气污染防治法》与交通运输部《港口岸电布局方案》也要求逐步实施岸基供电设施改造。不少省市也相继发布了一系列实施细则予以细化落实，鼓励船舶靠港期间优先使用岸电。上海港对开展试点的港航企业实施电价补贴，上海港与部分航运企业之间签订了优惠的电价合同，制定《上海港靠泊国际航行船舶岸基供电试点工作方案》对开展试点的码头企业的岸电设施建设费、电力增容费、船舶使用岸电所致的电费差价和运行维护费等进行补贴。由政府补贴部分的电价差

---

① LNG 动力船何时"火"起来？［EB/OL］. 搜狐网，https：//www.sohu.com/a/257425840_174505.

② 中远海运研究咨询中心. 绿色航运，路在何方？［J］. 中国远洋海运，2019（12）：65.

额，明确了申请补贴的具体流程。① 当前，上海吴淞国际邮轮港岸基供电一期项目，洋山港第三、四期示范工程实现了 100% 岸电覆盖。宁波—舟山港也采取了类似的岸电补贴机制，宁波市交通运输局采用财政资金以奖代补的方式激励岸电设施建设。② 江苏省也发布了《长三角水域江苏省船舶排放控制区实施方案》，对岸电供电设施改造项目安排资金支持，并对使用岸电实行专项电价政策。

　　尽管大量政策性文件陆续出台，但是船舶岸电技术的推广依然遭遇了一系列问题瓶颈，缺乏相应的激励性措施是产生问题的关键。国内部分省市监管机关落实不力，真正落实到位的码头供电岸电桩数量明显不如预期。尽管从长远的角度来看，岸电系统对于海洋环境保护具有重大价值，对于船舶方与港口方均能产生一定的经济效应，但是从短期看，由于岸电设施的安装涉及接头标准、电流负荷等一系列标准的重新设置，不仅需要港口方对现有的码头进行扩容，也需要船方对当前岸电设施进行改装，因此，投资方的营运效应往往无法覆盖巨额的初期投资。③ 如果当地政府未能在早期加强相应的政策扶持，实施电价补贴机制与措施，岸电供应对于港口方与船方而言需要额外的改造支出，这无疑将极大地影响船方与港口方改造港口岸电设施的积极性与动力。笔者认为，以牺牲海洋生态环境的代价来发展航运 GDP 的政绩观并不可取，海洋环境污染的治理是一项牵涉全国航运上下游产业链的系统工程，部分省市的不作为、慢作为可能致使

---

　　① 2019 年上海港靠泊国际航行船舶岸基供电试点补贴专项资金管理办法［EB/OL］. 上海市交通委官网，http：//www. shanghai. gov. cn/nw2/nw2314/nw2319/nw32905/nw41584/nw41616/nw44507.

　　② 岸电"上船"大港变"绿"宁波港口岸电设施覆盖率高达 62%［EB/OL］. 凤凰网，http：//nb. ifeng. com/a/20190328/7379241_0. shtml.

　　③ 早期上海洋山港也面临岸电码头处于"光建不用"的尴尬处境，该码头的岸电实施自完成安装后半年以来，除了测试使用之外，愿意靠港使用岸电的船舶寥寥无几。并且由于上海洋山港实际属于浙江行政地域，为了支援当地建设，该地区电价比上海外高桥港贵了近一倍，而港口只能向靠港船舶征收低于成本的电价，以至于港口岸电每供一度电要亏四毛五分钱。

上海、浙江与江苏等地所付出的努力"前功尽弃",埋下"上游污染,下游治理"的海洋环境污染隐患。

第七节 完善我国船舶大气污染治理法治保障的措施与路径

事实上,国内航运政策、法律法规存在的问题与我国缔结或加入的船舶大气污染治理类国际公约存在的问题并非完全割裂,不仅国内相关船舶大气污染治理的航运政策与制度的构建是落实相关国际公约的具体表现与实际措施,例如,制定《大气污染防治法》《船舶大气污染物排放控制区实施方案》《2020年全球船用燃油限硫令实施方案》是为了履行我国加入MARPOL及其附则之时所作出的具体承诺,而出台《内河绿色船舶规范》(2020)也是为了践行我国加入的《国际使用气体或其他低闪点燃料船舶安全规则》《国际控制船舶有害防污底系统公约》所确立的立法理念与立法原则,而且就产生上述问题的原因而言,也存在若干共性特征,例如绿色航运节能减排技术发展不成熟,相关配套机制与制度不完善。我国应当在相关国际公约、行业标准与制度框架下逐步解决既有问题,分层次、分阶段逐步完善国内船舶大气污染治理类航运政策与法律法规。

就立法理念与执法原则而言,应当转变部分省市发展航运经济的落后政绩观。摒弃"唯GDP论",将"绿水青山"作为航运经济发展的内在驱动力与施政业绩。推进各地航运政策统一化、实体化,将"航运绿色化"作为各地航运政策联动与创新的重点,不得以牺牲海洋生态环境为代价来提高航运GDP,避免"上游污染,下游治理"的局面,杜绝"先污染,后治理"的治理思路。就立法体系与制度设计而言,在国内绿色航运节能减排政策与法律法规尚未涉足的领域,应当制定政策法规予以弥补;而在国内绿色航运节能减排政策与法律法规已经涉及的领域,如老龄船的淘汰、低硫油的使用、LNG船舶的推广与港口岸电的建设方面,应当寻找问题产生的根源究竟是技术上的原因,还是体制机制上的原因,抑或立法与执法层面的原因；是单一因素造成的，还是复合因素导致的，从而在原有政策法规的基础上对此进一步完善。

一、国内航运节能减排面临问题的原因总结与政策法规的完善建议

（一）统一执法联动机制，出台激励性政策法规，促使老龄船与超龄船的淘汰

如上所述，对于老龄船、超龄船淘汰的问题，根源在于各地执法上的不统一与相应激励性政策法规的缺失。

第一，应建立健全各地海事部门的执法联动机制。鉴于各省市在老龄船与超龄船的监管上的积极性存在差异，应加强各地海事执法联动机制，强化绿色航运节能减排政策的执行力。以长三角区域为例，建议长三角各地海事部门在执行《长江经济带船舶污染防治专项行动方案（2018—2020）》与《长江经济带船舶和港口污染突出问题整治方案》的基础上，共同制定详细的区域海洋环境整治"协调时间表"，通过纵向与横向梳理交通运输部海事局与长三角各地海事局的职能分工与权限范围，结合各地老龄船营运现状，明确各地海事部门在各个阶段的主要目标与具体任务。建立健全会商联络机制、信息共享机制与执法联动机制，针对重点领域开展联合专项整治，统一各地船舶更新换代的时间节点；探索建立激励机制，强化正反馈效应，鼓励各地航运企业推动"低碳"环保营运，避免政策执行流于形式，打造"海洋环境监管共同体"。

第二，应出台相应的激励性政策法规。交通运输部曾在2013年出台了《老旧运输船舶和单壳油轮提前报废更新实施方案》，要求各地航运主管部门出台经济鼓励政策，诸如以资金补贴的方式推动能耗高、污染风险大的老龄船与单壳邮轮提前淘汰与报废，建造符合国际新标准、新规范与新公约的新型船舶。但在实践中，不少航运公司尤其是大型航运公司更希望延长船舶营运周期，特别是那些建造与维护成本都较高的超大型集装箱船

舶。因此，在涉及老龄船营运周期的法律法规与政策设计时，可以考虑给予一些政策方面的激励，避免"劣币驱逐良币"的情况。鉴于国有企业相比民营企业而言，船舶总体状况更好，可以出台一些正向反馈的机制，结合营运情况与具体船型出台航运激励机制，鼓励民营企业在船舶保养与维护方面投入更多的资本与技术。

具体而言，应根据船型与船况等因素适当延长船舶淘汰的周期，建立诚信名单与管理清单，从而实施分级分类管理。建立黑名单制度，对于船舶营运与保养情况不佳，曾经因船舶维护不当而造成严重环境污染事故的航运公司，要求被纳入黑名单，这些航运公司严格遵循《老旧运输船舶管理规定》的分类标准以及附录要求，从而对船舶实施分类分级管理。对于船舶保养状况较好，且在最近 5 年内尚未发生严重环境污染事故的航运公司，建立白名单制度，可以根据船舶设计与使用寿命适当延长船舶的营运周期。这一管理制度可在国内部分区域，例如在长三角范围内先行试点。

（二）突破技术瓶颈，明确各主管部门职能，促进 LNG 船舶的推广

如上文所述，LNG 船舶推广的困境可以归结为技术瓶颈、成本控制与体制机制层面的问题，从而造成了 LNG 燃料加注基础设施覆盖率过低以及此类船舶发展的严重滞后。

因此，政府应当加强扶持力度，加大燃料加注站的建设投入，简化 LNG 燃料加注站的审批环节手续，明确主管部门的职能分工与权限范围，大幅提升燃料加注基础设施的覆盖率。同时，对 LNG 动力船舶建造与营运采取补贴措施，根据船舶吨位大小确定明确的补贴标准与补贴范围，研究出台船舶 LNG 动力应用和技术改造等示范项目鼓励政策，加大环保专项设备技术攻关。笔者建议，借鉴舟山保税燃油加注"一口受理"平台项目建设经验，在全国范围内复制推广，实施清洁能源"保税加注"政策，通过"单一窗口"平台的建设打通海关、边检、海事、港口等多个部门的边界，通过业务系统与信息共享着力解决多头申报、重复录入问题。

（三）出台激励性财政补贴政策，推动低硫油的使用

如上文所述，低硫油的使用问题可以归结为激励性政策的供给不足。

各省市可以借鉴深圳市交通运输局、深圳市生态环境局、深圳海事局发布的《关于实施船舶大气污染物排放控制区的通告》①，对船舶使用低硫油进行实质性补贴，通过鼓励性措施减少靠港船舶大气污染排放。明确申请的受理与审核机构，由各地的交通主管部门负责补贴资金的申请受理、审核和发放工作。确定申报方式，申请人须通过各地绿色低碳港口建设补贴资金申报系统进行补贴申报。发布补贴申请流程，要求航运企业相关船舶签署承诺书，承诺每次靠泊港口时，进入沿海排放控制区均使用硫含量低于0.5%的低硫燃油。细化低硫油补贴标准，对于船舶在沿海排放控制区航行期间使用硫含量低于0.5%的低硫燃油和硫含量低于3.5%的常规燃油的差价予以补贴，按照船舶净吨确定补贴金额。告知低硫油补贴应提交的材料、补贴申请的时间、补贴资金申请审核程序等。

（四）建立电价补贴奖励机制，增设强制性规定，加快港口岸电设施的建设

如上文所述，港口岸电建设的问题可以归结为政策法规的缺失与执法层面的不严。

第一，各地应借鉴深圳的经验②，出台相应的港口岸电补贴资金管理办法与实施细则；或者借鉴上海与浙江的做法，将岸电补贴纳入交通节能减排专项扶持资金的范畴。具体而言，应优化电价形成机制，明确与细化岸电补贴标准，尤其针对营运补贴探索成本分担机制，补贴资金由市交通

---

① 深圳市交通运输局 深圳市生态环境局 深圳海事局关于实施船舶大气污染物排放控制区的通告 ［EB/OL］. 深圳政府在线，http：//wap. sz. gov. cn/zfgb/2019/gb1093/201903/t20190326_16721969. htm.

② 深圳市曾在2017年出台《绿色低碳港口建设补贴资金管理暂行办法》，于2018年颁布《绿色低碳港口建设补贴资金管理暂行办法实施细则》。

运输委、发展改革委、财政委及海事局会同其他业务主管部门负责协调和管理，明确补贴资金的使用范围，主要包括港口岸电设施建设补贴、船舶岸电受电设施改造补贴、岸电维护费补贴、岸电使用补贴等。充分落实交通运输部等六部委印发的《关于进一步共同推进船舶靠港使用岸电工作的通知》精神，"在岸电设施的市场化经营管理机制尚未完全建立之前，利用现有资金渠道，建立与岸电设施使用效益相挂钩的财政资金奖励机制"。此番尝试主要以政府扶持为手段培育港航企业使用岸电的市场氛围与环保意识，为将来探索岸电电价的市场化机制奠定坚实的基础。

第二，协商制定明确的时间表，根据国务院出台的《打赢蓝天保卫战三年行动计划的通知》，"要求 2020 年底前，沿海主要港口 50%以上专业化泊位（危险货物泊位除外）具备向船舶供应岸电的能力。重点区域沿海港口新增、更换拖船优先使用清洁能源。新建码头同步规划、设计、建设岸电设施"。鉴于上述时间节点已经失效，笔者建议尽快出台实施方案，要求在 2025 年底之前，率先实现主要港口 70%~80% 的覆盖率。同时考虑到上述通知为指导性政策，缺乏行政强制力，可以考虑对未能及时改装岸电设备的船舶采取强制性措施，例如禁止靠泊以及缴纳更多的吨税等方式强制执行国务院出台的岸电政策。

二、国内外航运节能减排政策与法律制度借鉴与互动的强化措施

除了立足我国航运产业的现实基础完善国内船舶大气污染治理的相关政策与法律制度之外，还应当加强国内与国外船舶大气污染治理政策与法律制度的借鉴与互动，在反思我国当前航运节能减排政策法规不足与缺失的过程中加强借鉴与交流，积极推动"引进来，走出去"。

一方面，对于国内船舶大气污染治理相关立法相对滞后的领域，例如船舶污染物排放限制方面，应当向国外借鉴先进的立法理念与立法思路；有计划、有步骤地消除国内外上述领域的差距，在充分考虑我国航运业态基础与市场大环境的前提下，以构建相关航运节能减排政策与法律制度为

契机，加强自身的市场竞争力。另一方面，对于国内船舶大气污染治理相关立法相对先进的领域，例如绿色码头与智能港口建设方面，应当积极向外输出"中国标准""中国方案"；确保我国在航运企业方面践行绿色发展模式，在航运节能减排与港航设施建设等诸多领域逐步建立航运绿色产业的话语权与竞争优势，为推动我国进出口贸易市场的繁荣"保驾护航"。

（一）我国应适度借鉴国外航运节能减排政策法规

在船舶污染物排放控制领域，我国应适度借鉴国外绿色航运法律制度与标准。例如，MARPOL 附则设立了四大污染排放控制区（ECA），其中包括美国加勒比海域、北美海域、北海海域、波罗的海海域。进入上述四大海域的国际船舶均应使用低于 0.1% 硫含量的燃料。除此以外，还有欧盟设立的欧洲海域排放控制区，美国设立的加利福尼亚排放控制区，澳大利亚悉尼港以及冰岛、挪威、土耳其与韩国多个港口，例如釜山、仁川、蔚山与丽水港等已经在沿海区域设立 ECA，同样要求在港口停泊的船舶燃料硫含量最高为 0.1%，对于违反硫排放禁令的船舶将会面临相应的处罚。相比之下，我国沿线海域污染排放控制区要求船舶使用的含硫量相对较高，根据交通运输部颁布的《2020 年全球船用燃料限硫令实施方案》，要求从 2019 年 1 月 1 日起，船舶大气污染排放控制区范围不再局限于长三角、珠三角与环渤海海域三地，而是扩大到全国沿海海域、港口及长江干线等内河水域，最高不得超过 0.5%。但该方案设定的内河控制区与沿海控制区海南水域的排放标准与上述航运国家 ECA 的标准保持一致，即含硫量最高不得超过 0.1%，实施期限分别为 2020 年 1 月 1 日与 2022 年 1 月 1 日，对于其他水域，经评估之后可能从 2025 年 1 月 1 日起实施。

换言之，在"限硫令"的实施进度方面，尽管我国当前颁布的绿色航运政策法规符合 MARPOL 的规定（2020 年 1 月 1 日之后含硫量不得超过 0.5%），但是依然落后于少数航运发达国家设立的 ECA 标准（含硫量不得超过 0.1%）。笔者认为，我国"限硫令"的实施应当稳步推进，不宜在他人圈定的制度框架内盲目跟风乃至亦步亦趋，可以在未来 5~10 年之内，根据我国绿色技术发展的现实基础与航运市场的规范程度，逐步扩大船舶燃料含硫量低于0.1%实施的范围。随着时间的推移，要求船舶使用低硫油的区域范围逐步扩张，分阶段实施船舶大气污染物排放控制措施，从原来有污染排放控制区中有条件的港口，到污染排放控制区中核心港口区域，再到污染排放控制区中的所有港口，最后到沿海全部区域。

当前我国可以借鉴国外相关港口对于违反"限硫令"而实施的处罚措施。例如，2020年，日本商船三井与美国Del Monte旗下的船舶就因违规使用脱硫塔被美国港口分别处以253300美元与1990650美元的罚款。当前，我国对于涉案船舶的处罚金额依据主要来源于《大气污染防治法》中的规定，然而，在限硫禁令实施的背景下，该法所设定的处罚措施显然偏轻，处罚金额显然偏低。根据该法第106条的规定，"使用不符合标准或者要求的船舶用燃油的，由海事管理机构、渔业主管部门按照职责处一万元以上十万元以下的罚款"。笔者认为，过低的违法成本等同于变相鼓励船公司逃避其本应承担的大气排放环保责任，不利于"限硫令"在我国的实施，应当借鉴国外的处罚措施予以适度提高。同时，适当借鉴挪威、瑞典与新加坡绿色航运节能减排制度，建立船舶大气污染排放控制基金，将上述违规船舶的罚款作为资金来源，对于停靠上海、宁波等核心港口的合规船舶给予一定的奖励，从而避免补贴资金来源单一、仅靠当地财政补助与政府拨款的现状。

再以LNG船舶的建造为例，就LNG岸上设施建造标准而言，美国曾出台行业标准《LNG生产、储存和装运》，欧盟也出台了《LNG设备和安装》，其对LNG工程的建造安全距离等都作出了具体的风险评估，而我国订立的天然气使用强制性标准GB50183并没有明确规定LNG工程建造问题。就LNG船舶加注标准而言，国际普遍采用《国际散装运输液化气体船设备和构造规则》（ICG规则）。相比之下，我国执行《内河散装运输液化气体船舶构造与设备规范》，该规范在船舶破损假定、液化舱位置、船内检查通道等标准都要低于IGC规则。对此，我国LNG船舶建造标准的制定缺乏整体规划和全盘考虑，应当借鉴美国、欧盟等国出台的行业规范与国际标准,再与政府、供应商、运营商充分协商之后予以完善。

另外,我国船舶制冷剂技术起步较晚,虽然近年来在制冷剂标准的制定上取得了长足进步,但还是和航运发达国家存在一定的差距。中国船级社制定的环保标准对我国船舶制冷剂的规定并不完善,而德国劳氏船级社GL认证标准对制冷剂的气温、湿度、二氧化碳含量、气流速度等都有详细的标准,应予以借鉴。

(二)我国应适时对外输出航运节能减排"中国方案"与"中国标准"

当前,我国部分省市在港口岸电安装、智慧港口建设与标准制定上取得了一定的成绩。部分国家虽然在探索设计绿色港口方面起步较早,但随着IMO相关国际公约的出台与绿色航运节能减排技术的发展,相关制度规范与行业标准已经滞后。例如,美国长滩港"绿色航运政策"(Green Port Policy)制定于2005年①,欧洲海港组织"生态港认证体系"(Eco ports)创建于2005年②,洛杉矶港和长滩港"洁净空气行动计划"实施于2007年,澳大利亚悉尼港"绿色港口指南"(Green Port Guidelines)订立于2007年,以上显然已经无法适应当今绿色航运节能减排的发展趋势与要求。

我国应当充分利用"后发优势",利用港口基础设施建设的优势,适时向外输出绿色港口建设的行业标准。在理念上,应通过制定与出台相关政策与法规,完善绿色航运节能减排设施的建设标准与技术要求,从航运节能减排标准的设计、标准的制定、标准的认证、标准的执行,再到标准的评价等各个环节,实现一体化闭环管理。同时,向国外复制、推广"统一目录、统一标准、统一标识、统一评价"的航运节能减排标准体系,从而掌握绿色航运产业的话语权。一方面,这有利于我国充分发挥航运绿色标准的引领与规范作用;另一方面,也有助于我国依托逐步淘汰落后的运

---

① 杨奕萍."绿色航运"忧思 [J].环境经济,2008 (04):14.

② 林宇,刘长兵,张翰林,张智鹏.国内外绿色港口评价体系比较与借鉴 [J].水道港口,2020,41 (05):616.

输产能,在推动航运业高质量发展的进程中占得先机。

以港口岸电设施的安装标准为例,我国《大气污染防治法》中关于港口岸电建造的规定、《港口和船舶岸电管理办法》《港口工程建设管理规定》和船舶法定检验技术规则对岸电的建造、管理、使用等各个环节作出了详细全面的规定。尤其是《码头船舶岸电设施工程技术规范》《靠港船舶岸电系统技术条件》等国际标准以及《港口公用连接设施》等国家标准被众多国家借鉴。2017 年,我国在海上安全委员会第 98 次会议上提交的关于船舶岸电导则制定的立项申请通过审议,今后我国应以协调员的身份进一步与各国的代表加强沟通,推动 IMO 制定国际岸电法规与行业标准。

以智能港口的建设为例,根据笔者对上港集团的调研,其已经将洋山港第四期港区定位为绿色港口与智慧港口,虽然上述示范工程在短期之内未必能够取得多大的经济效益,但是"早建不如晚建",智能港口是未来5~10 年的发展方向,而当前国际上对于智慧港口的建设还没有一个统一的模式与标准,上海港所采取的"桥吊(远程操控双小车集装箱桥吊)+AGV(自动导引车)"建设模式与标准不同于国际上任何一个智慧码头,因此如果领先别人一步就有利于发挥在建设模式方面实现智慧港口的引领作用。除此以外,山东青岛港首创的氢动力自动化轨道吊、5G+自动化技术码头全覆盖,同样以低建设成本与短建设周期为全球智慧港口的建设提供了"中国智慧"。我国应在未来 IMO 智慧港口建设标准的设计与制定进程中积极发声,为构建统一的智慧港口标准贡献力量。

第四章 船舶垃圾处置的政策法规与存在问题

第一节 船舶垃圾污染的现状

根据《船舶水污染物排放控制标准（GB3552—2018）》的界定，船舶垃圾是指产生于船舶正常营运期间，需要连续或定期处理的废弃物。例如，船东、承运人或经营人在开展运输、勘探、捕鱼与近海养殖等海事活动期间所产生的固体废弃物。其中，不仅包括因日常生活与船舶营运所产生的厨余、食品、纺织物、橡胶塑料、纺织物、纸类、金属、玻璃与陶瓷等类似于城市生活垃圾的成分，也涉及了因船舶保养与渔网更换所产生的油污海绵、皮革、塑料与化学制品、油漆碎木、垫舱与包装材料以及其他可燃或不可燃的混合物等船舶专属垃圾的类型。

鉴于船舶垃圾覆盖的范围与种类呈多元化发展趋势，本书对船舶垃圾处置的研究不仅包括固体废物，也包括液体废物；在船舶处置环节上，不仅涉及船舶生活污水、生活垃圾与废弃物的处置，也涵盖因船舶拆解而产生环境污染的控制。具体而言，涉及船舶生活垃圾上岸、船舶生活污水处理、船舶含油污水回收、船舶固体废弃物与拆解垃圾清理等诸多环节；相比船舶油污损害与有毒有害物质泄漏的防范以及大气污染的防治，船舶废弃物与垃圾的处置可能更容易被公众忽视。但事实上，随着全球船舶载重吨的逐年提升，船舶垃圾排放的类型与数量也与日俱增，对于海洋生态环境的污染也日益严重；而出于国内经济利益的考量，各国对于船舶垃圾处理的态度与能力也存在较大差异，在很大程度上影响了各国开展船舶垃圾共同处置的协同与联动。

以船舶油污水的排放污染为例，其主要来源为含油洗舱水（采用高压水清洗货舱所产生的油污水）、机舱油污水（机舱内各种阀件与管道渗漏的水与机器运转时溢出的燃油与润滑油混合在一起的油污水）与含油压舱水（船舶压舱水与附在舱壁上的原油混合形成了油污水）。受船舶油污水处置资质与能力限制以及无害化成本与费用提高的影响，部分船舶污染物接收企业不愿意接收船舶含油污水，在部分港口监管力度不足的情况下，不少船舶用抽水泵与软管将船舶油污水直排长江。据统计，某沿江城市海事处一年处罚船舶涉污类案件近百例，存在船舶向水体排放残油、废油，私设雨水收集排放管道，以及混合油污的雨水直排长江的隐患，等等。①沿海水域在受到含油污水污染之后，油膜或油块可能会大量吸附海洋生物，致使其携带大量致癌物质，严重破坏海洋生物多样性；在影响渔民与水产养殖者经济收入的同时，也将污染人类食物来源与沿海生态环境。

再以船舶拆解而产生的垃圾为例，拆船业具有较高的技术含量，尽管在对废弃淘汰船舶进行拆解、重新分类、回收利用过程中可能产生较高的经济收益，但也会产生较为严重的环境污染，尤其是废弃船体中的石棉、润滑油、荧光管、变压器与电池等材料在经过焚化处理之后将产生大量有毒有害物质。根据一项统计，我国13家拆船厂曾经为员工进行了全面的体检，发现患有慢性病的工人占据了总人数的80%以上，包含慢性铅中毒和铅吸收等；②而船体在出现破损之后，大量废水废油也将流入沿海海域与江河湖泊，引发大规模的水污染。

总体而言，船舶垃圾的妥善处置与绿色航运的顺利开展紧密相关，由此引发的相关法律问题同样应当引起理论界与航运界的充分关注。

---

① 无处可去，船上的油污水"流动污染"母亲河［EB/OL］.光明网，https：//m.gmw.cn/baijia/2021-01/19/1302050816.html.

② 2019年中国一项命令，15个国家叫苦连天，造船业从此不再受制于人［EB/OL］.腾讯网，https：//new.qq.com/omn/20220512/20220512A06SXR00.html.

第二节 船舶垃圾处置相关政策与法律法规梳理

鉴于本书对"船舶垃圾"的界定是广义的，不局限于船舶排放的各种垃圾与废弃物，而是扩展至船舶在营运、管理乃至拆解过程中所产生的各种液体与固体废物的接受与处置，因此涉及船舶垃圾处置的政策法规不仅包括防治船舶废弃物、含油污水与生活污水的排放、倾倒与泄漏，还涉及船舶拆解垃圾处置的国际公约、国内法与规范性文件。

一、船舶固体垃圾与液体废弃物处置的国际公约、国内法与规范性文件

当前，涉及船舶固体垃圾与液体废弃物处置的主要国际公约为MARPOL 附则Ⅳ《防止船舶生活污水污染规则》与附则Ⅴ《防止船舶垃圾污染规则》。其中，《防止船舶生活污水污染规则》第 1 条对于生活污水的来源与类型进行了明确的界定，第 2 条明确了该附则的适用范围。除此以外，还有第 3 条"例外"、第 4 条"检验"、第 5 条"证书的签发或签证"、第 6 条"由他国政府代发或代签证书"、第 7 条"证书格式"、第 8 条"证书的期限和有效期"、第 9 条"生活污水系统"、第 10 条"标准排放接头"、第 11 条"生活污水的排放"、第 12 条"接受设施"。《防止船舶垃圾污染规则》第 1 条的定义明确了该规则的适用对象，包括食品废弃物、生活废弃物、操作废弃物、所有的塑料、货物残留物、焚烧炉灰、食用油、渔具和动物尸体；第 2 条厘清了该规则的适用范围，第 3 条为"禁止排放垃圾入海的一般规定"，第 4 条为"在特殊区域之外排放垃圾"，第 5 条为"固定或浮动平台垃圾排放的特别要求"，第 6 条为"特殊区域内的垃圾排放"，第 7 条为"例外"，第 8 条为"接受设施"，第 9 条为"关于操作要求的港口国监督"，第 10 条为"公告牌、垃圾管理计划和垃圾记录"。

除此以外，还有 1972 年《防止倾倒废弃物及其他物质污染海洋的公约》（以下简称《伦敦倾倒公约》）与 1992 年、1996 年议定书。该公约

旨在控制从船舶、飞机、平台以及其他海上人工构造物上有意在海上倾弃废物及其他物质的行为和任何有意在海上弃置船舶、飞机、平台及其他海上人工构造物的行为。公约附件分别对禁止向海洋内倾倒的物质、需特别许可证才能倾倒的物质以及需经一般许可才能倾倒的物质三种情形作出了规定。《伦敦倾倒公约》1996 年议定书对允许倾倒的物质进行了更加严格的限制，仅允许倾倒明确列入附件的物质，禁止倾倒未列入附件的物质。

对于海洋塑料垃圾的排放，IMO 也予以充分重视并作出了专门规定。2018 年 10 月，MEPC 第 73 届会议通过了一项"关于应对海洋塑料垃圾的行动计划"，旨在进一步推动防止船舶活动排放塑料垃圾的全球解决方案的制定与实施。1992 年《控制危险废物越境转移及其处置巴塞尔公约》（以下简称《巴塞尔公约》）正式生效，而在 2019 年 5 月，IMO 修改了该公约的附件条款，将绝大多数的塑料废物，包括不可回收和受污染的塑料废物，列入公约调整范围内，对全球海洋塑料垃圾治理产生了深远的影响。

为贯彻与执行上述国际公约的要求，我国也陆续颁布了一系列重要的法律法规予以落实，例如《防治船舶污染内河水域环境管理规定》第三章"船舶污染物的排放和接受"对船舶垃圾的处置作出了明确规定，"禁止向内河水域排放船舶垃圾。船舶应当……按照《船舶垃圾管理计划》对所产生的垃圾进行分类、收集、存放……将有关垃圾收集处理情况如实、规范地记录于《船舶垃圾记录簿》中……船舶将含有有毒有害物质或者其他危险成分的垃圾排入港口接收设施或者委托船舶污染物接收单位接收的，应当提前向对方提供此类垃圾所含物质的名称、性质和数量等信息……"《海洋环境保护法》《海洋倾废管理条例》《防治船舶污染海洋环境管理条例》也作出明确规定，要求船舶在中华人民共和国管辖海域向海洋排放的船舶垃圾、生活污水、含油污水、含有毒有害物质污水、废气等污染物以及压载水应符合相关法律与国际公约的要求，船舶应当将不符合排放要求的污染物排入港口接收设施或者由船舶污染物接收单位接收。除此以外，还有国内船舶垃圾处理现行标准共 7 项，包括国家标准 5 项、船舶行业标准 2 项。其中,《船舶水污染物排放控制标准》(GB 3552—2018)为强制性国家标准,其他 6 项标准均为推荐性标准,例如《船舶与海上技术 海上环境保护 船上垃圾的管理和处理》(GB/T 37326—2019)、《船舶与海上技术 海上环境保护 港口废弃物接收设施的布置和管理》 (GB/T 37445—2019)等。①

二、船舶拆解垃圾处置的国际公约、国内法与规范性文件

涉及船舶拆解与回收的国际公约主要为 IMO 发布的《2009 年香港国际安全与无害环境拆船公约》(以下简称《香港公约》),该公约旨在将绿色航运的环保理念应用到船舶的整个生命周期中,覆盖船舶设计和建造、营运、拆解三个环节,实现了对船舶从“出生”到“坟墓”的全程监管,试图降低、减少拆船作业对海洋环境与作业人员的不利影响。为此,公约要求拆船方在接受主管机关检查与批准的基础之上,建立安全与环保的管理标准与管理体系;在拆解之前应向主管机构报告,在获得批准之后,制定拆船计划,按规定执行拆卸作业程序与方法。在此基础之上,IMO 还制定了与之配套的相关实施细则,例如《有害材料清单制定导则》《安全与无害环境拆船导则》《拆船计划导则》《拆船厂授权导则》《根据香港公约船舶检验和发证导则》《根据香港公约船舶检查导则》等。

具体而言,《香港公约》包含了前言、正文、附则与附录。其中,总则部分交代了公约制定的初衷,即“注意到对有关拆船业的安全、健康、环境和福利的日益关注。认识到拆船有助于可持续发展,因而是对达到报废年限船舶的最佳选择……还鉴于在不危及船舶安全、海员安全和健康及船舶营运效率的前提下,在船舶建造和维护期间促进采用低有害或最好无害物质替代有害物质的需要……”正文部分设定了各缔约国的一般义务、定义、公约适用范围、拆船控制、船舶检验和发证、对拆船厂的授权、信

---

① 魏华兴,梁超,范云志.船舶垃圾处理要求及标准现状分析 [J].船舶标准化与质量,2020(05):5.

息交流、船舶检查、违章调查、违章、对船舶不当延误或留置、资料的送交、技术援助和合作、争议的解决、与国际法和其他国际协议的关系等诸多条款。附则"安全与环境无害化拆船规则"包含了第 1 章"总则"、第 2 章"对船舶的要求"、第 3 章"对拆船厂的要求"、第 4 章"报告要求"。附录包括了附录 1"有害材料的控制"、附录 2"清单应列明的最少项目"、附录 3"国际有害物质清单证书格式"、附录 4"国际适合拆船证书格式"、附录 5"拆船厂授权书格式"、附录 6"拆船计划开工报告格式"、附录 7"拆船完工声明格式"。

国内涉及船舶拆解的政策法规主要包括：发改委颁布的《绿色拆船通用规范》（GB/T 36661—2018），商务部、发展改革委、工业和信息化部等多个部委联合发布的《关于规范发展拆船业的若干意见》（2009 年发布），交通运输部海事局颁布的《船舶定点拆解管理办法》（2010 年发布），国务院发布的《防止拆船污染环境管理条例》（2017 年修订），财政部颁布的《船舶报废拆解和船型标准化补助资金管理办法》（2015 年发布），中国船级社颁布的《船舶有害物质清单编制及检验指南》（2016 年发布），等等。但值得一提的是，上述政策法规并未照搬与沿袭《香港公约》与相关导则的立法路径与规制思路，而是结合我国国情，确立拆船业的准入门槛与退出机制，鼓励倡导绿色拆船与循环利用模式，在拆船补助发放、绿色拆船的监管、船舶有害物质清单的编制、拆船污染的处罚等诸多领域创设了相应的激励机制与强制措施。

第三节　船舶垃圾处置相关政策法规存在的主要问题

立足于"绿色航运"发展的时代背景，梳理涉及固体垃圾与液体废弃物处置，以及船舶拆解垃圾处置的国际公约、国内法与规范性文件，不难发现，相关政策法规在特殊海域的监管、可操作性与实践性以及协同效应与联动机制等方面存在的问题较为突出与显著。

一、船舶垃圾处置的相关强制性条款未涉及特殊海域的监管

尽管我国围绕已缔结或加入的各项国际公约陆续颁布了相关的法律法规,但总体而言,此类强制性要求与处罚措施覆盖范围尚存不足,仅仅对于我国沿海船舶垃圾处置进行了一般规定,并未涉及特殊区域或特殊海域保护的特别规定,例如 MARPOL 特殊区域的设置或特别敏感海域的监管。

以 MARPOL 特殊区域为例,所谓的"特殊区域"是指,由于其海洋学、生态学情况以及运输的特殊性质等方面公认的技术,需要采取防止垃圾污染海洋的特殊强制办法的水域。① MARPOL 附则 Ⅳ 将波罗的海区域,MARPOL 附则 Ⅴ 将地中海区域、波罗的海区域、黑海区域、红海区域、海湾区域、北海区域、南极区域和大加勒比海区域等列为特殊区域,由于上述区域在海洋地理、生态环境与海上运输等方面的特殊性与重要性,公约采取更为严格的强制性要求以保护海洋环境与生态资源,确立了"最近陆地距离"的监管标准。例如,排放食品废弃物入海须尽可能远离最近陆地,但距最近陆地或最近冰架须不少于 12 海里。相比之下,我国沿海海域却不属于 MARPOL 特殊区域的范畴,仅仅属于一般区域的范围。

再以特别敏感海域(PSSA)为例,所谓"特别敏感海域"是指"某区域的生态、社会经济或科学方面的特质易受到国际航运业活动影响而需要 IMO 采取行动进行特别保护的区域"。到目前为止,经 IMO 认定的特别敏感海域只有 17 个,分别为澳大利亚大堡礁水域、古巴的萨巴纳卡马圭群岛水域、哥伦比亚的马尔佩罗岛水域、美国的佛罗里达群岛沿岸水域等海域。IMO 也发布了《特别敏感海域鉴定和指定指南》,为 PSSA 的识别创设了若干标准,包括生态标准(如独特或稀有的生态系统、生态系统的多样

---

① 谢继祥,吴建新 . 从几起典型污染案例谈船舶垃圾管理 [J]. 航海技术,2019(03):96.

性或易受自然事件或人类活动影响而退化的脆弱性），社会、文化和经济标准（如该地区对娱乐或旅游业的重要性），以及科学和教育标准（如生物研究或历史价值）。一旦该水域被认定为特别敏感海域，港口国或沿海国采取具体措施控制该地区的海上活动，例如，采用定线措施、对油轮等船舶严格实施 MARPOL 排放标准和设备要求以及要求安装"船舶交通服务"（VTS）。相比之下，我国沿海海域尚未被认定为特别敏感海域。在当今海洋治理已经步入"全球海洋治理"阶段的背景下，① 不利于我国港口主管部门船舶垃圾处置的有效监管与应急处置。

二、船舶垃圾处置的相关规定缺乏可操作性与实践性

尽管我国在海洋环境保护领域也形成了相对完备与完整的法律体系，在《民法典》中已经创设了"绿色原则"，提倡民事主体从事民事活动应当有利于解决资源，保护生态环境。但不可否认的是，在"绿色原则"与"绿色理念"逐步向航运产业渗透的时代背景下，具体到船舶垃圾处理层面，相关制度的实施还缺乏一定的可操作性与实践性，此种制度的模糊性与不确定性不仅体现在监管主体职能与分工尚未完全厘清，也表现为港口接收设施的运作与船舶垃圾处置之间的协调缺少综合性的配套指引。

以船舶垃圾处置的监管责任主体为例，《海洋环境保护法》第 4 条规定，国家海洋生态环境主管部门负责海洋环境的监督管理，负责防治海洋倾倒废弃物对海洋污染损害的环境保护工作；而国务院交通运输主管部门负责船舶污染海洋环境的监督管理与污染事故的调查处理。从上述具有一定混淆性与模糊性的表述中，不难发现，对于因船舶排放垃圾而造成海洋污染的监管，生态环境部（国家海洋局）与交通运输部海事局存在一定的职能重叠，以至于在执法监督过程中发生混乱。部分船舶垃圾倾倒案件由

---

① 韩佳霖，张爽，吕晓燕，郑苗壮. 全球海洋治理下的特别敏感海域制度 [J]. 中国航海，2017，40（03）：111.

海事局进行巡查,① 也有案件由海洋局进行处理。② 因此, 对于船舶垃圾倾倒案件的查处, 海洋局与海事局之间有可能出现分工不明与相互推诿的情形。

再以港口接收设施的运作为例, 早在 2006 年 3 月, MEPC 就强调了船舶垃圾排放的 “零容忍” 原则, 认为船舶垃圾接收设施的运作对于 MARPOL 的实施至关重要。该委员会还在 IMO 全球综合船舶信息系统 (GISIS) 中增加了港口接收设施数据库 (PRFD) 模块。该数据库旨在提供各种类型船舶垃圾接收设施的信息, 例如含油污水 (包括含油船底污水、含油残留物、含油洗舱水等)、废气清洗系统残渣处置设施; 同时设定了港口接收设施不合理报告的程序, 提供了当地主管部门的邮箱地址、港口国政府监管与应对的相关案例等。缔约国可以通过密码登录 PRFD 更新数据库信息, 并且允许航运企业与社会公众浏览。MEPC 还发布了与之相配套的《港口接收设施供应商和用户综合指南》, 从而确保在 MARPOL 的框架下加强航运界和接收设施供应商相互配合, 实现高效、环保地处置 MARPOL 废物/残留物, 以保护码头工人的健康与港口生态环境。③

---

① 例如, 2021 年 8 月, 马绍尔籍散货船 “K” 轮连续 7 次倾倒未经处理的 B 类废弃物, 前湾海事处执法人员在远程防污染检查中发现之后立即开展调查并依法进行了处罚。2017 年下半年, 南疆海事局在海南海域、汕头海域、舟山海域和渤海海域等非法排污违法案件的高发区域, 查处船舶违法向海域排放禁止排放的污染物的违法行为 20 余起。

② 例如, 2018 年 10 月, 有运泥船在无海洋倾废许可证的情况下, 在美丽沙附近海域非法倾倒垃圾。海口市人民检察院向海口市海洋与渔业局公开送达检察建议书, 要求其依法履行职责, 对骗取海域使用权及非法倾废行为予以查处。

③ 考虑到港口接收设施的使用和提供 (PRFs) 对 MARPOL 1973 的实施至关重要, MEPC 还发布了《港口接收设施供应商和用户综合指南》, 出台的主要动机在于: 尽管缔约国与航运界为提高 PRFs 的可用性和适用性作出了大量的努力。然而, IMO 发现, 如何有效地将 MARPOL 所调整的废物/残留物运送上岸仍然面临诸多障碍, 其中一个障碍被认定为缺乏简单明确与便于使用的指南。

相比之下，我国港口接收设施的运作缺乏相应的综合性指引，船舶垃圾接收与处置缺少统一的法律依据与操作指南，导致各地垃圾接收的实践并不一致。例如，有的港口根据垃圾类型分门别类设置船舶垃圾公共接收点和投放点，每个点设置的垃圾桶分别投放有害垃圾、可回收垃圾、易腐垃圾与其他垃圾。① 未来将投资建设船舶污染物接收码头工程，免费接收范围从生活垃圾进一步扩展到生活污水和含油污水。② 有的港口将船舶垃圾接收区设在绿色航运综合服务区内。大型绿色航运综合服务旗舰趸船可一次性接收一定数量的船舶移交的垃圾与生活污水。对于无法靠泊水上服务区、只能在锚地水域停留的船舶，可通过互联网服务平台线上预约。待服务区确认后，会指派污染物环保接收专业船舶前往接收垃圾、污水。③ 将水上流动垃圾船作为船舶污染物接收体系的重要补充。④ 但有的港口尚未建成污染物回收、转运、处置中心，船上需要不断有人向接收船招手才能处理垃圾。⑤ 除了船舶污染物处置的硬件设施存在不完善之处，海事、港口、环保等多个部门的协作也不足。具体而言，海事局受自身职能的限制无法对船舶垃圾排岸获取话语权，而环保部门和港方由于受到人力、物力与认知上的限制，无法保障对船舶垃圾的排岸进行及时处理，各部门分别负责垃圾上岸、接收、转运、处置环节中的一部分，容易出现信息不畅与监管真空等现象，造成了船舶污染物接收、转运和处置上处于无政府状态。

① 三堡船闸船舶垃圾公共接收点启用［EB/OL］. 杭州日报，https：//baijiahao. baidu. com/s？ id=1715375989055076749&wfr=spider&for=pc.
② 在这里，长江船舶上的垃圾免费接收［EB/OL］. 新华社，https：//baijiahao. baidu. com/s？ id=1686582690472409707&wfr=spider&for=pc.
③ 接收船舶垃圾、无人机送货还监控违法行为……揭秘长江上的"高速服务区"［EB/OL］. 现代快报，https：//www. 163. com/dy/article/GT2A3QJK053469KC. html.
④ 手机预约船舶垃圾"上门"收 垃圾船守护大运河岸绿水清［EB/OL］. 中国江苏网，https：//baijiahao. baidu. com/s？ id=1715551807541549011&wfr=spider&for=pc.
⑤ 护佑京杭运河一泓碧水［EB/OL］. 中国水运报，http：//www. zgsyb. com/news. html？ aid=549877.

三、各国采取的船舶垃圾处置措施缺乏协同效应与联动机制

尽管 IMO 已经颁布了《香港公约》，通过设定老旧船舶可拆解区域、列明有害物质清单以及提高船舶的拆解与垃圾回收标准等多种手段，旨在进一步提升拆船环境无害化管理水平，推动绿色拆船产业的发展；但包括我国在内的不少国家依然尚未加入该公约。归根到底，各国绿色航运产业与市场的发展水平、船舶垃圾回收与处置的能力乃至国内航运利益需求存在较大的差异，导致船舶拆解垃圾的处置在国际法层面上缺乏相应的协同效应与联动机制。

欧盟部分国家对船舶拆解采取了较为严格的监管模式与管制路径，在《香港公约》中"安全和环境无害化拆船"有关条款的基础之上，出台了仅适用于欧盟地区内各成员国的《欧盟拆船新法案》。该方案所设定的绿色拆解门槛要高于《香港公约》，例如列入了更多有害物质种类，要求垃圾回收应遵循欧盟标准执行等。之后，欧盟又相继颁布《位于非欧盟国家的拆船厂纳入欧盟拆船清单的要求及程序技术指南》和《有关位于第三国的拆船厂申请加入〈欧盟拆船厂清单〉的相关信息及文件》等文件，为有意申请拆解欧盟成员国船旗的非经济合作与发展组织（OECD）国家的拆船厂提供技术指导，从而促使悬挂欧盟成员国船旗的船舶进行绿色拆解。

受限于繁琐的拆解流程与高昂的回收成本，欧盟各大航运公司更加倾向于将未经预清理的废弃船舶驶往孟加拉国、印度等南亚诸国进行拆解，在节约拆解成本的同时，收取高昂的收购金。根据 IMO 于 2011 年发布的统计报告显示：2010 年，全球主要拆船国家将船舶拆解材料回收，并应用于建造新船、农业生产、医院与家庭使用的各类产品；其中，印度的回收量为 6533954 总吨，占比为 35%；我国为 4723151 总吨，占比为 25%；孟加拉国为 3927297 总吨，占比为 21%；巴基斯坦为 2443304 总吨，占比为 13%；土耳其为 658473 总吨，占比为 4%；其他国家为 387853 总吨，占比

为 2%。① 2020 年，印度与孟加拉国等南亚诸国在全球船舶拆解与回收份额更是占据了九成以上。② 而孟加拉国等国的拆船商基于利益的考量（主要是变卖船舶废钢与五金材料，乃至废弃家具），雇佣当地拆船工人在没有任何防护设备的前提下进行拆解，由于船舶建造广泛使用绝缘材料石棉，以及油漆中的铅化物、汞和砷，很多工人在长期劳作后，被石棉肺、铅中毒和肾病所折磨;③ 工作环境也极为恶劣，工人每天需要劳作超过 10 小时，时刻面临瓦斯爆炸、钢材滚落、安全绳不稳等各种威胁。另外，船舶拆解所产生的垃圾也严重污染了当地的海洋资源，导致近海海域表层覆盖着黑色油层与船舶废弃物。由于每年的旧船回收创收效益显著，因此，政府对于拆船业对于工人健康与海洋环境带来的影响也保持默认与不作为的态度。相比之下，我国早在 2019 年就宣布禁止回收国外废船，但是依然允许拆解本国废旧船舶。

反思造成此种现象的根源，与《香港公约》部分规定的不完善密切相关。从主体层面进行解读，公约调整船旗国、港口国、拆船国、造船厂、产品供应商、船东与拆船厂等一系列监管主体与利益关联方，但尚未围绕拆船工人劳动环境与工作条件的改善以及工资薪酬的保障作出明确规定，仅仅要求"适任人员能够识别和评估拆船厂中的职业危险、风险和员工是否暴露于潜在有害物质或不安全的条件下，并能够制定必要的保护和预防措施以消除或减少这些危险、风险或暴露情况"，容易造成诸如孟加拉国等南亚国家拆船工人健康、生命安全时刻面临严重威胁，以及劳动报酬无法获得有效保障的后果。从客体层面进行分析，公约对于船舶拆解的要求主要集中于船舶在建造、营运与拆解过程中有害物质清单的制定、维护与

---

①　参见 IMO AND THE ENVIRONMENT [EB/OL]. https：//wwwcdn. imo. org/localresources/en/OurWork/Environment/Documents/IMO% 20and% 20the% 20Environment% 202011. pdf.

②　2020 年全球拆解 630 艘船 90% 在南亚被拆除 [EB/OL]. 中国船检, http：//info. jctrans. com/newspd/hyxw/2021252599694. shtml.

③　在这一座"坟墓"里面，有 5 万人正在拿命换钱！[EB/OL]. 腾讯网, https：//new. qq. com/omn/20211108/20211108A0D4P400. html.

更新以及适拆证书的签发等相关领域，但涉及船舶拆船本身应遵循的主要操作流程、安全保障措施与环境无害化处理的规定较为原则化，缺乏一定的可操作性。例如，公约要求船舶所有人在拆解与准备阶段"对船上废弃物进行预先清除，船舶所有人还有义务配合拆船厂制定拆船计划"，但预先清除的标准与范围是什么？是否包含了所有废弃物，例如船舶生活垃圾、油污水、生活污水或固体废弃物，还是仅仅为其中一部分？若船舶所有人未经预先清理即将船舶交付至拆船厂，或者拒绝不履行义务配合拆船厂工作，将面临何种法律后果？公约在制定之时显然并未对上述问题予以正面回应。那么我国对于《香港公约》的生效应采取何种态度？是积极加入还是谨慎观望？值得进一步思考。

第四节 完善船舶垃圾处置相关政策法规的因应之策

一、补充关于特殊海域船舶垃圾排放监管的强制性规定

可以考虑加强船舶垃圾处置相关强制性条款的特殊海域的适用，在我国沿海部分海域申请设立特殊区域制度或者特别敏感海域。鉴于设立MARPOL特殊区域需要经历较为繁琐与漫长的审批流程，且该区域内允许采取的限制性排放措施相对有限，不利于实现船舶垃圾排放与海洋环境污染的全面防治。① 因此，我国向 IMO 申请在沿海海域设立特别敏感海域，适用特别敏感海域制度更具有现实性与可行性。

在适用范围方面，我国可以考虑在东海、黄海、渤海或南海等任一海域申请设立特别敏感海域，根据地理位置、生态环境与经济条件等因素综合考察上述海域是否符合设立特别敏感海域的三项标准之一，即生态标准、社会文化和经济标准、科学和教育标准。以东海为例，我国早在 20 世

---

① 白佳玉，李玲玉，陈敬根．论特别敏感海域制度在南中国海环境保护中的适用 [J]．中国海商法研究，2015，26（04）：49．

纪 70 年代就发现并陆续开发了多个东海油气田，而舟山群岛水域是某些鱼类的关键栖息地，也被称为我国的"海上牧场"与海洋鱼类的宝库，我国还将东海划设为"防空识别区"。因此，该海域所蕴藏的自然资源与生物资源对当地的社会和经济而言非常重要。以南海为例，该海域天然气与石油资源极为丰富，被称为"第二个波斯湾"，因此该海域具备生态的独特性或稀少性；而且南海航线历史悠久，是海上丝绸之路的中心；部分水下考古遗迹具有重大科研价值，对于当地文化资源的保护而言，意义重大。除此以外，黄海与渤海同样具有较为丰富的渔业与油气资源，生态结构具有多样性和多产性、完整性及脆弱性；且海域周边港口众多，具备社会或者经济上的依存性与人类依存性等特征。因此，笔者建议，应考虑在上述四大沿海海域中的部分区域申请设立特别敏感海域，尤其是航线密集度较高、海洋开发利用活动较多、生物多样性与油气田资源较为丰富的海域。由于我国与周边国家在部分海域的开发与利用上存在纷争，例如，中日两国在东海大陆架油气田上开采的争端、我国与东南亚国家在南海主权上的争议、中韩两国在黄海划界问题上的分歧，建议应立足于搁置争议与共同开发的共识，在经过双边或多边谈判与协商的基础之上，共同申请设立特别敏感海域。①

在实施路径方面，若一旦申请设立成功，我国就应及时采取相应的船舶垃圾限制排放措施对该特别敏感海域进行特别保护。根据《海洋环境保护法》的规定，向我国海域倾倒废弃物应经过主管部门的批准，那么审批的依据是什么？这缺乏公开性与透明度。根据《防治船舶污染海洋环境管理条例》规定，"船舶不得向依法划定的海洋自然保护区、海滨风景名胜区、重要渔业水域以及其他需要特别保护的海域排放船舶污染物"。什么是"其他特别需要保护的海域"？相应的标准同样不明确。笔者认为，应将特别敏感区域明确列为"其他特别需要保护的海域"，可以考虑在

---

① 白佳玉，李玲玉，陈敬根．论特别敏感海域制度在南中国海环境保护中的适用［J］．中国海商法研究，2015，26（04）：51．

MARPOL 明确限制或禁止船舶垃圾排放种类的基础上，结合我国航运市场发展水平与海洋生态保护现状制定具有差异化特征的船舶垃圾倾倒目录，并将相应的法律依据予以公开。

我国曾在 2022 年 1 月颁布《海洋可倾倒物质名录》（征求意见稿），但问题在于：该名录并未围绕不同沿海海域的航线配置、不同国籍船舶的营运条件以及不同季节的气候对海洋资源保护的影响作出分类，并且进行差异化调整。建议正式稿应围绕特别敏感海域的保护作出特殊规定，根据船舶的类型与国籍、排放时间与区域、季节与规模分级分类进行规定，例如，允许悬挂中国旗、吨位较大的船舶在航线密度较小的海域，排放更多船舶垃圾数量与种类或者不限制其航行区域；反之，对于悬挂外国旗、吨位较小的船舶在航线密度较大的海域，允许排放的船舶垃圾数量与种类更少或者划定避航区；并根据船舶实际营运的情形设定黑名单与白名单制度，就长期违法违规排放船舶垃圾的航运企业而言，可以严格指定航路，要求定期通报船舶位置，禁止其控制、营运或者租赁的船舶进入我国沿海海域或者挂靠港口；反之，就无违规排放船舶垃圾记录的航运企业而言，对于其控制、营运或者租赁的船舶考虑不限制航行区域，不实施船舶通报制度；进入沿海海域或者挂靠港口可以考虑予以免检，甚至免除部分船舶吨税、引航费、船杂费（包括拖轮费、停泊费、检疫费、垃圾费或熏舱费）等港口使费。

二、提升船舶垃圾处理相关规定的可操作性与实践性

在监管主体层面，我国应考虑明确海洋与海事行政主管部门对船舶垃圾排放监管的职权分工，从而最大限度地避免彼此之间的职能交叉与功能重叠。笔者建议可以结合具体航区、船舶类型、排放地点等因素，要求海事局或海洋局分别承担船舶在航行或作业状态下垃圾排放的监管职责，例如，对于处于航行与运输状态的船舶排放的垃圾，要求地方海事局实施监管；对于处于疏浚、清淤与打捞作业中的船舶排放的垃圾，主要由地方海洋局加强监管；对于商船排放的垃圾，主要由海事局负责监管；对于渔船

或者工程船排放的垃圾，主要由海洋局进行监管；如果船舶垃圾排放的地点在领海范围或者特别敏感海域，就由海事局负责查处；如果排放的地点在毗连区或专属经济区等海事局巡逻海域之外的区域，应由海洋局负责处理。当然，这并不意味着各主管部门各自的职能相互独立、彼此区隔。必要之时，应在权责一致的基础之上，打破部门藩篱与信息壁垒。例如，对于因船舶违规排放垃圾而产生的海上公共卫生事件与海上刑事纠纷，应由主管部门牵头，联系卫生检疫机构与海警局等职能部门，从而实现信息共享与协同处置。

同时，对于船舶垃圾的排岸接收，也应强化海事局与海洋局的联动机制，实现职能对接。《海洋环境保护法》第71条规定，"需要倾倒废弃物的、产生废弃物的单位应向国务院生态环境主管部门海域派出机构提出书面申请"。因此，该法明确生态环境部负责船舶垃圾倾倒的审批，然而，《防治船舶污染海洋环境管理条例》第17条规定，船舶污染物接收单位从事船舶垃圾、残油、含油污水、含有毒有害物质污水接收作业，应当编制作业方案，遵守相关操作规程，并采取必要的防污染措施。船舶污染物接收单位应当将船舶污染物接收情况按照规定向海事管理机构报告。两者之间的差异在于船舶垃圾倾倒地点不同，前者是排入海洋，后者是排岸接收，这涉及两个部门之间的职能协调。具体而言，如果船舶垃圾没有排岸接收或者排岸垃圾极少，海事主管部门就应高度怀疑是船东为了节省垃圾处理费而将船上垃圾排放入海，并应及时通报海洋局；反之，如果海洋局发现船舶在航程中存在违规排放垃圾的行为，① 也应当及时联系海事主管部门，并且通报处罚结果。

另外，我国应当积极推动港口主管部门接入港口接收设施数据库（PRFD）模块，将大数据建设海洋生态环境作为政府实现海洋生态管理精准化和决策科学化的重要手段，以及企业规范排污治污行为进而实现海洋

---

① 即 MARPOL 附则 V 允许排放的"食品废弃物，对环境无害的货物残余，动物尸体，货舱、甲板和外表面洗涤水中包含的对环境无害的清洁剂或添加剂"之外的船舶垃圾。

生态法治化的重要抓手。① 及时更新港口垃圾接收设施的相关数据与实时信息，从而简化与便利船舶垃圾的排岸接收与现场处置，例如，提供或更新港口接收设施信息（包括单位名称、作业范围、办公地址、联系人与联系电话等）；船舶和港口之间废弃物转移过程中可能遇到的任何技术问题与解决方案；垃圾隔离操作和包装标识标准化的要求；船上产生的废弃物的类型和数量以及港口接收设施的类型和容量等；并且，允许航运企业与社会公众登录 PRFD 数据库浏览相关信息，改善政府与公众获取海洋生态环境信息不对称的现状，使公众更容易获取海洋生态环境信息数据，让公众更加了解我国海洋生态环境现状，便于参与监管，进而实现监管主体的多元化。②

　　同时，可以考虑参照或遵循《港口接收设施供应商和用户综合指南》，统一出台船舶垃圾转运与处置的操作指南与处置流程。目前，各地港口已经陆续颁布了相应的规范性文件，例如，上海港颁布了《上海港国际航行船舶污染物处置工作要求（试行）》，镇江港发布了《镇江水路口岸国际航行船舶垃圾接收处置流程》，佳木斯港出台了《佳木斯港口污染物接收转运及处置设施建设方案》。尽管相关要求、方案与流程不同程度地涉及了船舶垃圾的分级分类管理，但成熟与统一实施方案的缺失以及各地的重视程度不一导致船舶污染物处置的结果也大相径庭。笔者建议，待时机成熟之时，由交通运输部发布船舶垃圾或港口污染物接收处置方案，围绕医疗废弃物、船舶生活垃圾、船舶生活污水、含油污水与化学品洗舱水等废弃物的上岸、接收、转运、处理等具体环节与监管主体作出明确要求：一方面，持续推动各类船舶垃圾处理设施或存储设施新建、改造与扩建；另一方面，建立港口、海事、交通、环保、城管与住建等各部门间的协调联动机制，在完善责任分工与监管权能的基础之上，加强各自之间的联合执

---

① 韩立新，逯达. 大数据时代我国海洋生态环境法治研究［J］. 广西社会科学，2022（04）：102.

② 韩立新，逯达. 大数据时代我国海洋生态环境法治研究［J］. 广西社会科学，2022（04）：107.

法、信息共享、定期通报与应急联动。

三、加强各国之间船舶垃圾处置的协同效应与联动机制

如上文所述，尽管 IMO 已经颁布了《香港公约》，但各国所持态度并不一致，大量拆船国处于谨慎观望或拒绝加入的状态，导致该公约的法律适用效力相对有限。例如，部分欧美国家以保护海洋环境、发展绿色航运为名，采取较为严格的监管模式与管制路径，对该公约的生效与适用持赞同意见，但却将具有高污染风险的拆船产业转移至部分航运欠发达国家，如南亚国家；而后者也愿意大量承接高污染的低端拆船产业从而获取超额利润，当地政府出于利益考量也对拆船工人面临的安全风险与健康隐患以及海洋环境遭受的污染损害持默认与不作为态度。笔者认为，确立拆船作业与垃圾回收的原则与标准，形成各国之间船舶垃圾处置的协同效应与联动机制是解决全球绿色拆船产业发展不平衡的关键所在。

在总体原则的确立上，IMO 在制定拆船方案之时不能仅仅因各国之间经济利益的差异与发展诉求的不同，从而区别对待或者作出模糊性表述；换而言之，该标准与原则不应仅仅是倡导性与灵活性的，还应具有普适性与强制性的，不允许各缔约国家任意作出保留。各国大多专注于自身的发展和本国的海洋环境，只解决本国经济发展与海洋环境之间的矛盾，并不大关注其他国家的环境需求和对其他国家的影响。① 在这一方面，IMO 曾经有过深刻的历史教训，《香港公约》在起草之时，IMO 就旨在推动数十个国家缔结条约，要求报废船只不得采用"搁浅法"，应将有毒物质和垃圾运往船坞与码头拆解。但在遭到部分国家的反对之后，只能默认允许采用冲滩搁浅拆船的简易方法进行拆解，也引起了其他缔约国的不满。② 而

---

① 朱锋. 从"人类命运共同体"到"海洋命运共同体"——推进全球海洋治理与合作的理念和路径［J］. 亚太安全与海洋研究，2021（04）：15.
② 张新光.《香港公约》的实施困境与前景分析［J］. 世界海运，2011，34（04）：27.

这也使得沿海国海洋生态环境遭受严重污染，众多拆船工人的人身健康与生命安全陷入时刻面临威胁的境地。因此，海洋环境的治理，需要世界各国政府、企业、社会组织等主体为实现海洋持续发展与自然平衡实现协作实践活动，① 从而充分体现"海洋命运共同体"价值观中"共建、共商、共享、共担、共赢"的价值理念。②

在具体标准的实施上，未来应修改《香港公约》相关实施导则，例如《安全与无害环境拆船导则》与《根据香港公约船舶检查导则》的相关规定，参照 2006 年《海事劳工公约》的标准与要求，全面改善拆船工人劳动环境与工作条件，切实保障工资薪酬与人身安全。例如，应围绕拆船工人最低基本报酬与工资数额的确定，年休假、工作时间与休息时间的安排，失业救济与人身伤亡赔偿金的计算、职业安全和健康保护及防止职业事故的指导以及职业发展和技能开发及就业机会的提供等重要领域作出明确规定，并由 IMO 技术组进行定期审查等；对于未能提供符合 IMO 要求的工作环境、未能采用绿色拆船方式或严重拖欠拆船工人劳动报酬的国家与地区，可以禁止或者限制其在未来一段时间内进口废弃船舶。同时，相应的实施导则还应确定废弃船舶在交付拆船厂之前预清理的标准与范围，再经过 IMO 技术组评审通过并进行动态调整，对拒不清理或拒不配合的情形，可以考虑参照《巴塞尔公约》中关于禁止出口废料与越境转移的规定，在今后一段期限内禁止出口废弃船舶，进而分别从出口国与进口国两方面加强拆船垃圾处置与回收的联动机制与协同效应。

就我国而言，是否加入《香港公约》曾在航运界产生较大的争议。根据业内分析，由于我国拆船技术规范与行业标准相对完善，公约确立的全球统一的拆船要求与方案将吸引更多中国籍废弃船舶在国内拆解，因此，我国拆船业对于该公约的生效与实施持欢迎态度。但对于我国船东而言，

①　朱锋. 从"人类命运共同体"到"海洋命运共同体"——推进全球海洋治理与合作的理念和路径［J］. 亚太安全与海洋研究，2021（04）：15.

②　郭萍，李雅洁. 海商法律制度价值观与海洋命运共同体内涵证成——从《罗得海法》的特殊规范始论［J］. 中国海商法研究，2020，31（01）：74.

该公约的实施显然将极大地增加其经营成本与经营压力。① 相比公约实施之前，实施后不仅要求其接收符合公约要求的新船舶，按照公约的要求修理船舶，制定与维护有害材料清单，在对即将交付拆解的船舶进行预清理之后，才能将船舶卖给符合公约要求的拆船厂，这将直接导致船东出售废旧船舶的手续更加复杂，出售的价格也会因拆船设施与拆船标准的提高而降低；另外，未来可能被列入清单被禁止使用的新材料也将致使造船厂与船用产品生产、供应商面临环保标准不确定的商业风险。

考虑到当前我国发展造船业与航运业的重要性高于拆船业，如果贸然加入公约，可能将进一步损害与削弱包括我国在内的众多航运大国的市场竞争力，仅仅有利于少数几个商船队规模较小但满足绿色拆船行业标准的航运发达国家。因此，我国目前应当谨慎加入《香港公约》，全面客观地评估其未来实施的风险性与可行性，在考虑"路径依赖"问题的同时，将拆船业、造船业、供应商与船舶营运方等航运产业上下游企业造成的影响考虑在内，② 在取得国内船方、港口方、造船厂与拆船厂共同意见，权益利弊得失的基础之上，待国内外绿色拆船产业技术发展路径与实施方案相对成熟之后再选择加入。尤其是警惕部分欧盟国家以保护海洋资源与环境为名，构建过于超前的绿色拆船政策与法律体系，在客观上形成"绿色航运壁垒"，从而避免对我国整体航运产业造成负面效应与影响。

---

① 徐峰，陈光硕. 绿色航运政策与法律制度存在问题与对策研究［J］. 浙江海洋大学学报（人文科学版），2021，38（01）：12.

② 徐峰，陈光硕. 绿色航运政策与法律制度存在问题与对策研究［J］. 浙江海洋大学学报（人文科学版），2021，38（01）：15.

第五章　绿色航运诉讼与监管的
法律制度与存在问题

第一节　绿色航运诉讼与监管的现状

除了上述涉及船舶油污损害、有毒有害物质泄漏、外来水生物种入侵风险、船舶大气污染与船舶垃圾处置等海洋环境污染的实体性国际公约与国内法之外，绿色航运的顺利开展还离不开具有司法救济性质或属于行政监管类型的法律法规予以保驾护航，其中就涉及海洋环境污染的诉讼与绿色航运的监管等相关制度的保障。

从行为主体上进行分析，诉讼主体与监管主体存在较大差异，诉讼主体往往是海洋环境污染的受害者，例如渔民、水产养殖者、旅游从业者，在海洋生态环境损害赔偿公益诉讼案件中涉及了政府主管部门，在刑事案件中主要为检察院；而监管主体主要是政府主管部门，例如海事局、海洋局、环保局等；但从行为客体上进行分析，诉讼客体与监管客体基本是一致的，都是船舶污染行为与海洋环境的损害结果，乃至社会公共利益与海洋环境管理秩序的破坏。因此，从制度的功能定位与实施路径上进行分析，两者的目标是一致的，都是以惩戒与处罚当事人为重要手段，旨在最大限度降低船舶污染对海洋环境的影响，防止今后类似的海洋环境污染事故再次发生。

从行为方式上进行分析，诉讼路径与监管模式同样存在较大的差异。当前涉及海洋环境污染的诉讼主要集中于民事领域，并且大多为基于船舶油污泄漏而提起的私益诉讼，涉及船舶有毒有害物质泄漏、外来水生物种入侵风险以及船舶垃圾处置的案例较少，更遑论可能触及海洋环境犯罪的刑事诉讼与海洋检察（主要针对非法捕捞水产品、盗窃海砂类、污染海洋环境等犯罪行为）；同时，涉及海洋环境公益诉讼的案例也寥寥无几。相比之下，对于海洋环境污染的行政监管包括了船旗国监管与港口国监督。所谓的"船旗国监管"是指船旗国海事主管部门对于悬挂本国国旗的船舶实施的监督检查，从而确保该船舶符合国际公约的规定与要求；其监管环节主要围绕船舶登记、船舶入级检验与船舶法定检验等重要程序展开，而所谓的"港口国监管"主要是港口国海事局通过海事现场监督与海上巡查执法等多种方式，对于领海、毗连区与专属经济区等沿海海域可能发生的船舶污染环境隐患与损害事故进行检查与干预。从实施现状上进行分析，在船舶悬挂方便旗日益盛行的今天，船旗国对于船舶采取污染防治措施的监管力度呈减弱趋势，但是港口国针对沿海区域海洋环境污染的监管程度逐步加强。

从行为后果上进行分析，船舶污染海洋环境的诉讼与绿色航运的监管在实践中呈现不平衡与不对等的发展态势。集中体现为，对于海洋环境污染的各项行政处罚与司法救济主要是通过港口国监管等措施予以实现，采取海洋环境民事或刑事诉讼解决争议的案件极少。其主要原因在于，涉及船舶污染海洋环境纠纷的诉讼成本较高，对于环境污染程度与范围的取证与举证难度较大，海洋环境污染的损害后果与影响范围也存在较大的不确定性，上述因素的累积与叠加不仅严重影响了当事人提起诉讼的意愿，而且也容易导致不同法院的判决结果存在不稳定与不一致的现象。相比之下，港口国监督属于政府所采取的常态化监管措施，有利于及时发现并采取必要措施防止损害结果的发生乃至扩大，最大限度地对船舶污染海洋环境的损害结果进行预防与遏制，对于引起严重后果的污染行为作出行政处罚。但一方面，受限于政府各部门之间环境污染监管职能的重叠，行政监管难免存在疏漏之处；另一方面，单纯依靠政府监管难以对当事人所遭受的经济损失进行全面的法律救济。因此，我国绿色航运发展过程中存在的

"重监管，轻诉讼"现象不利于有效保障船舶污染海洋环境受害人的经济利益。

第二节　绿色航运诉讼与监管相关法律法规梳理

当前，涉及船舶污染海洋环境诉讼的法律法规主要为国内法，但尚未形成统一适用的国际性规则；相比之下，围绕海洋环境污染的港口监管等重要事项形成了国际公约与国内法相衔接的完整法律体系与制度规范。

一、船舶污染海洋环境的诉讼法律制度

涉及船舶污染海洋环境的国内诉讼法律制度主要为《海洋环境保护法》《环境保护法》中相关程序性规定，以及《海事诉讼特别程序法》《民事诉讼法》《行政诉讼法》《刑事诉讼法》等相关国内法律法规与相关司法解释。鉴于海洋环境诉讼属于"环境诉讼"的一种特定类型，因此，上述法律法规或司法解释中适用于环境诉讼的相关规定应适用于海洋环境诉讼。而环境诉讼本身包括了"环境私益诉讼"与"环境公益诉讼"。所谓的"环境公益诉讼"是指由于自然人、法人或其他组织的违法行为或不作为致使环境公共利益遭受侵害时，法律允许其他的法人、自然人或社会团体为维护公共利益而向人民法院提起的诉讼。从本质上讲，环境公益诉讼是保护社会公共的环境权利和其他相关权利而进行的诉讼活动。与之形成对比的是，"环境私益诉讼"主要是针对个人环境权利或其他权利受到侵害之后向人民法院提起的诉讼。从法律适用的效力上进行解读，公益诉讼法律制度之中涉及诉讼主体、诉讼客体、救济路径与诉讼保障等的相关规定同样应适用于海洋环境公益诉讼。但由于海洋环境公益诉讼存在较大的特殊性，集中体现为海洋环境侵权的技术专业性与不可预知性更强、损害后果与影响范围更为严重与深远，因此，《民事诉讼法》与《环境保护法》等一般法中涉及环境公益诉讼的相关规定能否适用于海洋环境公益诉讼在理论界与实务界存在一定的争议。对此，笔者将在下文进行具体分

析，在此仅仅列举部分相关的法律条款。

其中，《海洋环境保护法》第 114 条第 2 款规定，"对污染海洋环境、破坏海洋生态，给国家造成重大损失的，由依照本法规定行使海洋环境监督管理权的部门代表国家对责任者提出损害赔偿要求"。《环境保护法》第 58 条规定，"对污染环境、破坏生态，损害社会公共利益的行为，符合下列条件的社会组织可以向人民法院提起诉讼：（一）依法在设区的市级以上人民政府民政部门登记；（二）专门从事环境保护公益活动连续五年以上且无违法记录。符合前款规定的社会组织向人民法院提起诉讼，人民法院应当依法受理"。《民事诉讼法》第 58 条也有类似规定，"对污染环境、侵害众多消费者合法权益等损害社会公共利益的行为，法律规定的机关和有关组织可以向人民法院提起诉讼。人民检察院在履行职责中发现破坏生态环境和资源保护、食品药品安全领域侵害众多消费者合法权益等损害社会公共利益的行为，在没有前款规定的机关和组织或者前款规定的机关和组织不提起诉讼的情况下，可以向人民法院提起诉讼"。2022 年，最高人民法院、最高人民检察院发布《关于办理海洋自然资源与生态环境公益诉讼案件若干问题的规定》，围绕海洋环境公益诉讼制度作出了专门规定，该司法解释旨在明确提起海洋环境公益诉讼的主体和管辖法院，推动海洋环境监督管理部门、人民检察院等不同主体在民事公益诉讼、行政公益诉讼与刑事附带民事公益诉讼进程中职能的衔接，统一规范海洋环境公益诉讼案件的裁判尺度。在适用范围上，该司法解释适用于因各种船舶污染而引起的海洋环境污染事故。就海洋环境民事公益诉讼而言，确定了海事法院是海洋环境民事公益诉讼的专门管辖法院，规定了有权提起海洋环境民事公益诉讼的主体为行使海洋环境监督管理权的部门，赋予检察院督促与兜底的职能作用。就刑事附带民事公益诉讼而言，检察院应在具有海洋环境监督管理权的部门没有另行提起诉讼的情况下，提起刑事附带民事公益诉讼或者单独提起民事公益诉讼。对行政公益诉讼而言，检察院在发现负有监督管理职责的部门违法行使职权或者不作为现象之后，有权向有关部门提出检察建议，督促其依法履行职责。有关部门不依法履行职责的，人民检察院有权依法向被诉行政机关所在地的海事法院提起行政公益诉讼。

二、船舶污染海洋环境监管的国际公约与国内法

当前涉及船舶污染海洋环境政府监管的国际公约主要是《联合国海洋法公约》（以下简称《公约》）、MARPOL、《国际船舶和港口设施保安规则》（ISPS）等国际规则中涉及海洋环境保护与防治的相关规定。例如，《公约》第十二部分"海洋环境的保护与保全"赋予了沿海国、港口国与船旗国对海洋环境污染的管辖权，具体而言，围绕"一般规定""全球性和区域性合作""技术援助""监测和环境评价""防止、减少和控制海洋环境污染的国际规则和国内立法""执行""保障方法""冰封区域""责任""主权豁免""关于保护和保全海洋环境的其他公约所规定的义务"等相关事项作出明确的规定。

《公约》中涉及船舶污染海洋环境的重要条款主要为：第 194 条"防止、减少和控制海洋环境污染的措施"第 3 款规定，"依据本部分采取的措施，应针对海洋环境的一切污染来源。这些措施，除其他外，应包括旨在最大可能范围内尽量减少下列污染的措施……来自船只的污染，特别是为了防止意外事件和处理紧急情况，保证海上操作安全，防止故意和无意的排放，以及规定船只的设计、建造、装备、操作和人员配备的措施"；第 211 条"来自船只的污染"第 2 款规定，"各国应制定法律和规章，防止、减少和控制悬挂其旗帜或在其国内登记的船只对海洋环境的污染。这种法律和规章至少应具有与通过主管国际组织或一般外交会议制定的一般接受的国际规则和标准相同的效力"；第 216 条"关于倾倒造成污染的执行"第 1 款规定，"为了防止、减少和控制倾倒对海洋环境的污染而按照本公约制定的法律和规章，以及通过主管国际组织或外交会议制定的可适用的国际规则和标准，应依下列规定执行……（b）对于悬挂旗籍国旗帜的船只或在其国内登记的船只和飞机，应由该旗籍国执行……"第 217 条

"船旗国的执行"第1款规定，"各国应确保悬挂其旗帜或在其国内登记的船只，遵守为防止、减少和控制来自船只的海洋环境污染而通过主管国际组织或一般外交会议制定的可适用的国际规则和标准以及各该国按照本公约制定的法律和规章，并应为此制定法律和规章和采取其他必要措施……"第218条"港口国的执行"第1款规定，"当船只自愿位于一国港口或岸外设施时，该国可对该船违反通过主管国际组织或一般外交会议制定的可适用的国际规则和标准在该国内水、领海或专属经济区外的任何排放进行调查……"第220条"沿海国的执行"第1款规定，"当船只自愿位于一国港口或岸外设施时，该国对在其领海或专属经济区内发生的任何违反关于防止、减少和控制船只造成的污染的该国按照本公约制定的法律和规章或可适用的国际规则和标准的行为……"第225条"行使执行权力时避免不良后果的义务"规定，在根据本公约对外国船只行使执行权力时，各国不应危害航行的安全或造成对船只的任何危险，或将船只带至不安全的港口或停泊地，或使海洋环境面临不合理的危险；第226条"调查外国船只"第1款c项规定，"在不妨害有关船只适航性的可适用的国际规则和标准的情形下，无论何时如船只的释放可能对海洋环境引起不合理的损害威胁，可拒绝释放或以驶往最近的适当修船厂为条件予以释放……"

国内法主要有《海上交通安全法》《海洋环境保护法》《防治船舶污染海洋环境管理条例》《海事诉讼特别程序法》等法律法规中涉及政府监管的相关规定，上述法律法规要求海事管理机构与海洋生态环境主管部门在遵循国际公约的前提下对船舶污染海洋环境开展调查处理与应急处置，相比以往政府主管部门偏重事前审批的做法，如今海洋环境污染的执法更加关注事中监管与事后处罚，相关内容已经在上文涉及船舶油污防治、有毒有害物质泄漏防范、外来水生物种入侵风险应对、大气污染与船舶垃圾处置等相关章节有所提及，在此不再赘述。

第三节　绿色航运诉讼与监管相关法律
法规存在的主要问题

立足于绿色航运诉讼与监管制度的实施现状，总结两者在行为主体、行为客体、行为方式与行为后果等方面的异同，梳理船舶污染海洋环境诉讼与绿色航运监管的相关法律法规后，我们不难发现，在海洋环境公益诉讼、刑事法律规制（包括海洋检察体制机制的运行与检察监督功能的实现）、行政监管、环境救助与强制清污费用索赔等方面存在诸多现实困境与制度障碍，亟待法学界与航运界予以破解与厘清。

一、船舶污染海洋环境公益诉讼相关制度亟须实现内在升级与重构

由于海洋环境公益诉讼大多是政府主管部门代表环境污染被侵权人提起的，笔者认为，从某种意义上讲，船舶污染海洋环境公益诉讼也属于政府主管部门对于海洋环境污染的监管方式，乃至参与海洋环境治理的基本路径。当前，我国海洋经济正从原来单一、粗放式的发展模式逐步转型为集约、绿色型的高质量发展路径。党的十九大报告总结道：我国社会主要矛盾已经转化为人民日益增长的美好生活需要和不平衡不充分的发展之间的矛盾。① 此种"美好生活"的权利体现在海洋环境保护上，集中表现为人类与海洋生态、海洋资源和谐共处的环境生存权与发展权。落实在法律权利保障方面，主要展现在行政机关等适格主体有权利、有资格代表人民行使环境监督权与诉讼权，向法院提起海洋环境公益诉讼，最大限度恢复环境损失，维护公共利益。因此，在理念上，"美好生活"权利是社会公共利益的集中表达，作为"美好生活"权利的构成要件，公众享有的海洋

---

① 习近平：决胜全面建成小康社会　夺取新时代中国特色社会主义伟大胜利——在中国共产党第十九次全国代表大会上的报告［EB/OL］. 中国政府网，http：//www. gov. cn/zhuanti/2017-10/27/content_5234876. htm.

环境权也是政府承担环境保护义务的逻辑起点，海洋环境公益诉讼的产生乃是传统环境公益诉讼制度回应现实需求，弥补私益诉讼的不足，践行国家环境保护的义务，契合当下人民对山清水秀的"美好生活"目标的向往，践行习近平总书记重要讲话精神，进行理念上内在升级的必然要求。在制度上，环境权作为"美好生活"权利的一种，包含了环境享有权、环境参与权、环境知情权与环境监督权。海洋环境公益诉讼的生成是行政机关等适格主体代表人民实现环境监督权的重要路径。当前我国海洋生态环境形势日益严峻，已经成为"发展不平衡不充分"的重要问题之一，由于海洋环境诉讼的技术性与专业性较强、风险与成本较高，单纯的私益救济已经不足以实现与推动海洋生态环境维护。为践行"碧海蓝天"的海洋可持续发展模式，以行政机关、环保组织等为主体提起的公益诉讼将成为诠释社会主义生态观与文明观的重要途径。

从生成理念上进行分析，"环境公益诉讼"与"海洋环境公益诉讼"出台的动机与目的是一脉相承的，均是为了避免"公地悲剧"的发生，即在海洋资源的公共财产产权资源不明确且无人管理的前提下，尽量降低社会公众（包括组织与个人）对海洋生态资源与公共利益自觉或不自觉地利用乃至破坏；但是，从制度实施上作出分析，由于海洋环境诉讼的技术性与专业性较强、风险与成本较高，传统环境公益诉讼制度难以直接适用于海洋环境公益诉讼，亟需实现制度的内在升级与重构。当前围绕海洋公益诉讼的学术研究存在不少误区，其中最大的一个误区在于：未能廓清海洋环境公益诉讼基本内涵，从而区分其与普通环境公益诉讼、私益诉讼的界限；未能充分理解海洋环境公益诉讼相对于普通环境公益诉讼的特殊性，从而厘清其法理内涵。事实上，这种特殊性是建立在海洋环境侵权迥异于一般环境侵权的基础之上的，集中体现为海洋环境侵权的技术性、专业性与隐蔽性更强；损害后果更为严重与复杂；损害对象兼具国家利益、社会公共利益与个人利益；损害波及范围更广等方面。映射到诉讼程序之中，表现为海洋环境公益诉讼具有海事与环境双重属性。除此以外，不少文献将"海洋生态环境诉讼"与"海洋环境公益诉讼"混为一谈，并未意识到前者属于私益诉讼，而后者属于公益诉讼，片面地将"国家利益"理解为"公共利益"。为此，应当全面建立"海洋环境公益诉讼"的判定基准，以"法益"为中心构建相应的识别机制。

就具体内容而言，当前海洋环境公益诉讼立法呈"碎片化"与"缺失化"状态，当前我国《海洋环境保护法》相关规定不够完善，海洋环境公益诉讼制度散见于《民事诉讼法》《环境保护法》与《海洋环境保护法》等法律法规之中，彼此之间的关系尚未厘清，相比普通环境公益诉讼，海洋环境公益诉讼的特殊性体现在哪里？法律依据是什么？原告包括哪些主体？这些诉讼主体的顺位如何确定？公益诉讼与私益诉讼应如何实现衔接？可诉范围有多大？在发生海洋环境污染的损害结果之后，如何实现法律救济？如何对上述诉讼方式予以保障，从而全面建构海洋环境公益诉讼制度规范体系？这些问题不仅是困扰理论界与实务界的难题，亦成为研究"美好生活"权利与公益诉讼权利关系的"突破点"，亟需法学界予以破解与完善。

其中争议最大的无疑是诉讼主体的认定问题。梳理近年来发生的一系列海洋环境公益诉讼纠纷，其中部分涉及船舶污染海洋环境的纠纷，如"塔斯曼海轮"船舶碰撞海洋油污损害赔偿系列案；部分涉及渔船非法捕捞破坏海洋渔业水域生态环境事故，如"江苏连云港市灌南县人民检察院诉荣成伟伯渔业有限公司等海洋环境损害赔偿案""北京市朝阳区自然之友环境研究所诉荣成伟伯渔业有限公司案"等案件。不难发现，司法实践基于特别法优先于一般法适用的原理，适用《海洋环境保护法》排除了"环保组织"提起海洋环境公益诉讼的权利，仅仅承认了国家行政主管部门的原告资格，但该做法引起了较大的争议。有学者认为应适用《环境保护法》，赋予环保组织诉讼主体地位。即使是国家行政主管部门诉讼地位的确定同样面临诸多障碍，长期以来，即谁有权代表国家向船舶污染损害责任人提起损害赔偿请求一直是学术界与实务界的争议焦点。在我国，行使海洋环境监督管理权的部门有多个，代表国家对责任人提出海洋油污损害赔偿请求的部门也各司其职，例如负责海洋环境监督管理的国家海洋生态环境主管部门；负责所辖港区水域内非军事船舶和港区水域外非渔业、非军事船舶污染海洋环境的监督管理的国务院交通运输主管部门；负责渔港水域内非军事船舶和渔港水域外渔业船舶污染海洋环境的监督管理，并保护渔业水域生态环境的国务院渔业主管部门；负责军事船舶污染海洋环境的监督管理的军队环境保护部门，等等。上述机构各司其职，在自身职权范围内代表国家向责任人索赔，然而，鉴于"环境""自然资源"等概念的含义广泛，各涉海部门之间的职能分工可能存在一定的交叉与重叠，在航运实践中，就哪一职能部门有权代表国家就某一项费用与损害向责任人索赔可能产生较大争议。如果有两个或多个涉海部门分别向责任人提出赔偿请求，则会引起这些涉海部门所提出的赔偿请求（特别是有关自然资源损害及其恢复措施的赔偿请求）相互之间是否存在重复索赔的疑问。[1]

因此，海洋环境公益诉讼制度的完善成为当下我国司法实践中的"痛点""难点"，急需在理论上予以应对与解决。

二、船舶污染海洋环境的刑事法律规制存在严重缺失

船舶污染海洋环境的刑法规制历来是学界研究较为薄弱的环节，其中涉及航运法、环境法以及刑法的交集与融合，以往的学术研究更多立足于民法与行政法的学术视角分析海洋环境污染相关法律问题，司法实践中也更加偏向适用民法与行政法处理开展绿色航运进程中产生的法律纠纷。随着船舶污染现象的频繁发生与海洋环境污染形势的日益严峻，部分海上环境污染纠纷的法律性质与严重性已经超出了民事侵权领域所涉及的内涵与范畴，严重影响了国家海洋权益与社会公众利益，应被列入刑事法律所调整的对象与范畴，这就需要检察院予以及时介入并提起诉讼。那么，海上环境污染刑事案件与普通陆上环境刑事纠纷相比有何差异？能否将普通刑事犯罪构成要件所包含的犯罪主体、客体、主观方面与客观方面等相关理

---

① 陈海波.　"塔斯曼海"轮船舶碰撞海洋油污损害赔偿系列案评析［J］.中国海洋法学评论（中英文版），2005（02）：99.

论要素与制度框架完全照搬适用于海上刑事案件之中，这在理论研究与司法实践中存在较大争议。当前，我国《刑法》具体条款中涉及海上环境污染的主要罪名为"非法捕捞水产品罪"与"污染环境罪"两大类，但这并不意味着在发生船舶污染犯罪行为之后，法院无法援引其他罪名定罪论处，也不代表《刑法》对于海洋环境法益的保护是完全充分有效的。因此，在海洋环境污染治理的语境下，对于相关具体罪名进行准确的理解与适用有助于绿色航运理念在司法实践中的落地与实施；尤其是相比陆上环境污染，海上环境污染的调查取证难度更大，技术性要求更高，导致了海洋环境类犯罪案件的侦查、审判与执行与陆上刑事案件存在较大差异，存在一定的特殊性。令人遗憾的是，当前学术界对于此种海洋环境类犯罪特殊性的研究相对较少，对于海洋刑事犯罪的理论建构尚存不足，从而导致《刑法》分则对于具体罪名的设计，以及部分法院对于犯罪处罚的认定存在不合理之处，海洋环境污染的刑事法律规制在法律适用层面亟待进一步补充与加强。

具体而言，由于我国《海商法》属于民事法律的范畴，并未涉及刑事处罚的相关规定，因此遵循"特殊法没有规定时，应当适用一般法"的基本原则；对于船舶污染海洋环境的刑事纠纷，理应适用《刑法》相关规定予以认定并作出处罚。然而，我国著名的海商法学者司玉琢先生曾提出"大海法"的概念，即创建一个独立的"海法"法律部门，海法体系的具体内容包括海洋法、海上战争法、海商法、海上劳动法（船员法）、海洋经济法、海洋资源开发与保护法、海上安全法、航运法、海洋环境保护法、海上刑法、海上程序法等。① 按照此种观点，海上刑法应当从一般意义上的刑事法律中脱离，根据船舶污染的情节、海难事故的性质与环境污染的程度设定特殊条款，从而与普通环境污染的刑法条文和刑罚条款相区分，法院在审理此类案件之时也应尊重船舶污染海洋环境纠纷的特殊性与严重性，对于海洋环境污染类案件"另眼相待"，尽可能适用海上刑法中

---

① 司玉琢，李天生. 论海法［J］. 法学研究，2017，39（06）：93.

的特殊条款与特别规定。笔者认为，不管海法体系最终是否形成，有一点毋庸置疑，随着船舶引起海洋环境污染案件的逐步增加与污染范围的日益扩大，应在立法上重新审视传统刑法条款能否适用于海洋环境污染纠纷，或者反思在适用此类事故之时存在哪些制度障碍与不合理之处。换言之，海洋环境污染刑事案件的专业性决定了此类案件在侦查、审判与执行阶段必然存在有别于普通刑事案件的特殊性，应予以特别关注与重视。而学界对于海上刑事案件的审判工作的研究处于缺失状态，无论是作为实体法的《海商法》，还是作为程序法的《海事诉讼特别程序法》，都未涉及刑事案件审理的制度与机制，而《刑法》与《刑事诉讼法》本身作为一般法对于海上环境污染案件的重视并不够，能否完全适应海上刑事案件审判需要与绿色航运的发展趋势尚须进一步观察。

对船舶污染海洋环境的部分重要刑法判决进行解读后发现，近年来我国涉及船舶污染海洋环境的刑事案件频繁发生，较为常见的海上犯罪活动主要包括了盗窃海砂类犯罪、非法捕捞水产品类犯罪与海洋环境污染类犯罪。

以盗窃海砂类犯罪为例，近年来具有代表性的案件为唐山市曹妃甸海域盗窃海砂系列案①，由于运沙船在唐山市与曹妃甸区附近长江流域等大量盗采海砂，不仅严重侵犯国家财产，同时对于海洋资源产生了不可估量的损失；当地检察院主要根据《刑法》第25条、第26条、第27条与第264条的规定，将盗采海砂行为认定为"盗窃罪"从而提起公诉。而在山东省从严打击海上非法采砂刑事第一案②中，李某、刘某二人共有一条小型采砂船"XX号"，另租赁一条大型采砂船"YY号"，且无采砂许可证，先后在某海域非法采挖海砂30万余吨出售。Z市人民检察院先以"非法采矿罪"对二人批准逮捕，之后对二人以"盗窃罪"向Z市人民法院提起公

---

① 曹妃甸海砂盗窃案判决之争［EB/OL］. 中国水运报, http：//www. zgsyb. com/news. html？aid＝527241.

② 盗采海砂行为罪名之争［EB/OL］. 网易, https：//www. 163. com/dy/article/FIR1TOJU0521C3G3. html.

诉，最终法院认定两人触犯"非法经营罪"。在本案中，当地公检法对于盗窃海砂或者海泥沙所侵犯法益与触犯罪名先后出现不一致的认定，对于非法盗窃海砂类犯罪法律性质的认定经历了从"盗窃罪"到"非法采矿罪"，再到"盗窃罪"的反复，直至法院最终将其定性为"非法经营罪"。毋庸置疑，判决结果的不确定性不仅损害了刑事法律的权威性，也不利于树立司法机关的公信力。

公检法部门将盗窃海砂行为列入"盗窃罪"提起公诉或定罪量刑的做法在法学理论界同样引起了极大的争议。其中，有一种观点认为，处于自然状态下未开采的"海底海砂"属于矿产资源，从法律性质上分析，属于不动产，因此，不属于盗窃罪犯罪对象对于动产与不动产附着物的要求，不能成为盗窃罪侵犯的对象；根据"罪刑相一致"的原则，该犯罪行为侵犯的客体是国家对矿产资源和矿业生产的管理制度以及国家对矿产资源的所有权，即社会公共安全与海洋环境管理秩序。[1] 有一种观点认为，在上述案件中，没有任何一份司法鉴定对海泥沙是否属于矿产资源，即是否具有国家财产的法律属性作出有效的鉴定，至今国家所有法律条文没有明文规定"海泥沙为国家资源"；换言之，海泥沙所有权不清。[2] 还有一种观点认为，认为此类犯罪行为应以"非法采矿罪"与"破坏性采矿罪"论处。[3]

以非法捕捞水产品类犯罪为例，2020 年最高院曾经发布了 10 起长江流域水生态司法保护典型案例，其中涉及多起非法捕捞水产品刑事纠纷案。[4] 例如，在毛某彩等 13 人非法捕捞水产品案中，被告驾驶快艇、渔船

---

① 盗采海砂行为罪名之争 [EB/OL]. 网易，https：//www.163.com/dy/article/FIR1TOJU0521C3G3.html.

② 曹妃甸海砂盗窃案判决之争 [EB/OL]. 中国水运报，http：//www.zgsyb.com/news.html？aid=527241.

③ 非法盗采海砂行为构成何罪 [EB/OL]. 山东法制报，http：//paper.dzwww.com/sdfzb/data/20140404/html/3/content_2.html.

④ 敲响警钟！最高法发布长江流域生态环境司法保护十大典型案例 [EB/OL]. 搜狐网，https：//www.sohu.com/a/466284804_355544.

在禁渔期内使用禁用的吊杆式机动渔具大量捕捞螺蛳，严重破坏鄱阳湖区生物资源和生态系统。在云南省昆明市盘龙区人民检察院诉闵某、钱某礼非法捕捞水产品罪刑事附带民事公益诉讼案中，被告人非法电鱼区域属入滇河道，其行为影响滇池水域生物休养生息及鱼类产卵繁殖，破坏滇池水域生态环境。在湖南省岳阳市君山区人民检察院诉何某焕、孙某秋非法捕捞水产品刑事附带民事公益诉讼案中，被告人采用电捕鱼非法作业方式，严重影响作业范围内各类水生动物种群繁衍，破坏洞庭湖和长江流域水生物资源和水生态环境。但法院在定罪量刑之时，对于该罪所适用的对象与犯罪情节的认定依然存在较大的不确定性。根据《刑法》第 340 条的规定，"违反保护水产资源法规，在禁渔区、禁渔期或者使用禁用的工具、方法捕捞水产品，情节严重的，处三年以下有期徒刑、拘役、管制或者罚金"。在海上非法捕捞日益猖獗与海洋资源保护形势日益严峻的今天，该条款本身存在的瑕疵可能影响其法律效力。

　　一方面，本罪表现为违反国家保护水产资源法规非法捕捞水产品的行为，其侵害的对象包括了一般意义上的水生动物，那么水生植物是否属于水产品的范畴？在江苏省淮安市盱眙县检察院受理李某、邱某非法捕捞芡实、螺蛳一案中，争议焦点之一在于芡实能否被评价为非法捕捞水产品罪中的水产品；鉴于相关司法解释并未予以正面回应，导致多地司法机关在办理非法捕捞水生植物案件时，因水产品概念范围不明而陷入两难境地。另一方面，本罪涉及量刑情节的认定也存在较大不确定性，即何为"情节严重"？最高院与最高检颁布的《关于办理环境污染刑事案件适用法律若干问题的解释》对于非法排放、倾倒与处置有毒物质与危险废物"严重污染环境"的情形作出了明确的规定，但是并未就非法捕捞水产品的严重情节予以说明；更何况最高检颁布《检察机关办理长江流域非法捕捞案件有关法律政策问题的解答》提出对个人偶尔实施的非法捕捞行为慎用刑罚，在处罚时应与有组织的、经常性的或者形成产业链的危害水生生物资源犯罪有所区别；但就本罪与非罪的界限而言，检察院在提起公诉与检察监督之时同样缺乏相应的判定标准与法律依据。总而言之，定罪量刑标准的缺失容易导致海洋环境主管部门在海洋环境执法过程中发生"不作为"与"乱作为"两种极端现象。

再以海洋环境污染类犯罪为例，相关犯罪事实与主要犯罪行为主要集中于船舶油污水与废油水的违规排放与非法处置。在 2022 年如皋法院长江流域环境资源第二法庭作出的一起判决中，① 被告潘某在没有取得危险废物经营许可证的情况下，采用一种"水油分离"船舶废油水的处置法，待油水分离后提取上层废油出售，将下层废油水二次沉淀后，向外环境非法排放；同时积极联系上下游企业，通过跨省转移等多种手段推动废油的收购、运输、销售与排放等犯罪行为的顺畅对接。对此，法院认定，某船舶公司等三家单位、被告人李某等人明知他人无危险废物经营许可证，仍向其提供或委托其处置危险废物一百吨以上，造成环境污染；潘某等人非法处置有毒物质一百吨以上，均构成污染环境罪。类似的案件还有 2020 年南京市公安局水上分局会同食药环侦支队在市环保局的配合下侦破的船舶偷排油污水案件②，涉案船舶偷排油污水时间跨度长达 2 年，历任轮机长不顾国家法律法规，不仅参与犯罪行为，指使他人偷排油污水，还通过购买油污水接收单、虚填吨位等行为来掩盖其偷排的事实，排放大量含有有毒、有害物质的油污水到长江与近海中，犯罪嫌疑人与涉案公司也以"污染环境罪"被提起公诉。

从犯罪构成要件上分析，上述船舶污染海洋环境类的犯罪行为基本符合《刑法》中"污染环境罪"的主客观要件，由于当前我国《刑法》中并未设定专门的海洋环境污染罪，因此，只能以此项罪名对于海洋环境污染行为提起公诉。根据《刑法》第 338 条的相关规定，"违反国家规定，排放、倾倒或者处置有放射性的废物、含传染病病原体的废物、有毒物质或者其他有害物质，严重污染环境的，处三年以下有期徒刑或者拘役，并

---

① 非法处置船舶废油水，这些人获刑 [EB/OL]. 搜狐网，http：//news. sohu. com/a/560201362_120827544.

② 在长江南京段偷排船舶油污水 12 名犯罪嫌疑人被公诉 [EB/OL]. 搜狐网，https：//www. sohu. com/a/388510816_115402.

处或者单处罚金；后果特别严重的，处三年以上七年以下有期徒刑，并处罚金"。尽管该罪名根据污染环境的情节与后果确立了不同的入罪与定罪标准，但是并未从行为定性、产生原因与危害程度等方面对污染土地、污染水体与污染空气这三种环境污染类犯罪行为予以厘清或区分（海洋环境类犯罪可能涉及水体与空气的污染），以至于对海洋环境污染现象的惩戒力度不足；再加上部分海洋环境执法部门与不少检察院对于海洋环境类犯罪行为与犯罪后果并不熟悉，从而导致在航运实践中，大量危害海洋的环境污染类犯罪都是以民事赔偿或者行政罚款终结，而非提起公诉或进入刑事诉讼程序。

三、船舶污染海洋环境行政监管、环境救助与强制清污制度尚存不足

需要特别注意的是，船舶污染海洋环境的行政监管看似是公法问题，体现为港口国或沿海国海洋生态环境主管部门依法行政，为绿色航运的开展提供执法保障，但在实施过程中也与私法的规制密不可分；换言之，调整海上环境救助与强制清污纠纷的合同法律关系也涉及了国家利益与社会公共利益的保护或渗透了公权力适度干预私法领域的理念；反之，港口国或沿海国政府对于船舶污染海洋环境的行政监管与公权力干预也在一定程度上影响了海难救助合同的签订与强制清污条款的制定，即行政监管与环境救助以及强制清污制度之间的关系密不可分。具体而言，从政府监管的角度，港口国、沿海国与船籍国对于船舶海洋环境污染防治与适航管理应分别承担相应的监管职责，有权根据本国的法律制定符合国际标准的船舶安全营运与防污染规则；除此以外，对于海洋环境污染的救助同样面临沿海国或港口国政府的监管与公权力的干预，救助合同的签订与履行看似是双方意思自治形成的结果与产物，但其中也融入了社会公共利益与海洋环境保护的重要元素，集中体现在救助合同签订与救助报酬支付，以及国家主管机关对救助作业的控制与参与乃至强制清污费的支付等诸多方面。

总体而言，本节对于"船舶污染海洋环境行政监管"的界定是广义上

的，主要从公法与私法两方面就政府采取的海洋环境监管制度本身及其产生的影响进行探讨；不仅包括了各国对于船舶污染海洋环境的行政监管，也涉及了在开展"绿色航运"的时代背景下，公权力对于海洋环境纠纷可能涉及的船舶环境救助或强制清污合同法律关系所产生的影响与相应的法律应对，将海难救助报酬（主要为环境救助特别补偿）基本支付原则的变迁与沿海国或港口国清污制度的构建也纳入研究视野。

就船舶污染海洋环境的行政监管而言，虽然《联合国海洋法公约》明确要求港口国、沿海国与船籍国采取必要的措施，防止、减少与控制船舶对于海洋环境的污染，但在上述政府监管主体之中，船籍国对于船舶营运安全与污染控制的日常监管最为薄弱，由于船舶经营航线遍布全球，发生油污泄漏等环境污染事故的地点往往远离船籍港；一般而言，船籍港对于未实际发生在本国沿海海域污染防治的态度并不积极，仅仅在船舶登记与检验之时对船舶配备的防污染证明等相关法定证书与文书进行检查，部分国家甚至在入级检验与年度检验之时对未能采取防污染管理体系与防治措施的船舶也采取"默认"态度，只要该船东缴纳了相应的登记费用即可，更遑论在船舶日常营运过程中产生环境污染的重大隐患监管问题，导致船籍国对船舶污染监管缺失的重要原因在于"方便旗制度"的全面实施与普遍推广，即部分国家采取的一种国际船舶登记制度。

所谓的"船舶登记制度"是一个国家政府及其航运主管部门，对航运企业申请在该国登记注册的船舶，在船舶建造地、企业所在国、船舶所有权，以及船龄和技术标准、船员国籍等方面实施限制、检验、审核和登记的制度。从类型上划分，船舶登记制度可分为非开放登记（严格登记）和开放登记两大类。非开放登记的登记条件在国籍上被控制严格，原则上，只允许船舶所有权属于本国公民、船舶在本国建造、企业在本国登记注册、船员配备为本国公民的船舶，按照一定的技术标准，在交纳一定的登记费用后，注册入籍。目前，我国船舶登记主管部门实施严格登记制度。相比之下，开放登记制即方便旗制度则是对船舶所有权、船舶建造地、船员国籍等不予限制或限制不严的一种登记制度，部分国家以各种宽松的登记条件与优惠政策吸引大量外国船舶登记，主要代表国包含巴拿马、柬埔寨、利比里亚等国。毋庸置疑的是，后者相比前者在登记手续方面更为灵活与便捷，在能为登记国带来可观的登记费与税金的同时，也有助于大幅降低方便旗船东经营成本；但该制度所产生的相应后果就是对船舶污染防治与日常营运缺少有效的管辖与规制，方便旗国普遍缺乏执法力度与监管意愿，导致船东对于船舶安全设施与防污设备的管理遵循最低标准，甚至未对船员提供必要的技术培训。根据国际运输工人联合会统计，方便旗船在世界船舶总量中占据1/3的比例，但在发生的海损事故中，方便旗船占据了近一半的份额，① 其中也涉及了大量船舶污染海事纠纷。因此，如何加强船舶登记国尤其是方便旗国对于船舶安全营运与污染防治的监管，是开展绿色航运的重要前提。

就船舶污染海洋环境救助活动的开展而言，回顾海难救助制度发展的历史渊源与发展历程，不难发现，其中折射了沿海国或港口国政府对于海难救助国际公约的形成以及救助合同订立，尤其是海难救助报酬支付原则变迁的影响。早期船舶开展海难救助的对象与标的主要涉及船舶与海上财产等，并未涉及海洋环境污染的预防与控制。海难救助报酬的支付遵循"无效果，无报酬"的基本原则；换言之，只有救助船舶或者船上财产成功或取得救助效果，救助人才有权获得救助报酬，该原则最终被引入1910年《统一船舶碰撞某些法律规定的国际公约》（以下简称《国际救助公约》）。根据公约第2条规定，一旦救助活动取得有益成效，就应获得公平的报酬，否则便无权获得救助报酬。这也是成文法首次对该原则的规范表述。该原则也被并入1980年劳合社救助合同标准格式（以下简称LOF）第1条，为救助双方所遵循。可见，早期沿海国或港口国海域发生的船舶污染海洋环境问题并未在国际公约层面获得充分的重视，在救助人与被救助人签订的标准救助合同之中也未能体现环境救助所应有的价值。所引起

---

① 船旗的传奇——方便旗到底方便在哪儿？[EB/OL]. 搜狐网，https://www.sohu.com/a/119391074_467299.

的法律后果就是：在救助人看来，救助财产比救助环境更为重要，因为救助环境无法获得任何报酬和任何劳动价值，进而将更多成本与精力投放于财产救助，只要取得救助效果就能获得救助报酬，且不论环境救助是否取得成功。救助方救助环境意愿不强导致船舶引起海洋环境污染形势日益加剧。

反映至航运实践之中，船舶泄漏大量原油或有毒有害物质对于沿海海域生物资源与水文环境的负面效应呈逐年扩大态势，港口国或沿海国只能强制介入，由政府主管部门直接参与环境救助；长此以往，海洋生态环境主管部门对于海洋保护的诉求愈加强烈，在相关海难救助国际公约修改之时频频发声，要求鼓励海上环境救助，对于积极参与环境救助的救助人给予一定的补助乃至奖励。海洋环境作为"第四海事财产"也逐步走入了海难救助的视野：一方面，救助环境成功与否以及成效已经成为确定海难救助报酬金额的重要因素；另一方面，是否参与从事救助环境也成为能否获得特别补偿的决定因素。1989 年《国际救助公约》中救助报酬给付原则推行"双重标准"：不存在环境污染时，救助双方继续沿用"无效果，无报酬"的救助报酬给付标准；存在环境污染时，保证施救方获得相当于其救助成本的救助报酬，并根据其减少或防止环境污染所取得的救助效果，给予一定比例的增额，该救助款项被称为"特别补偿"。该制度设立的初衷毫无疑问就是鼓励救助人参与环境救助，减少或防止遇难船泄漏的原油或其他有害化学物质对海洋生态环境的影响。我国《海商法》第 9 章"海难救助"的内容主要参照了 1989 年《国际救助公约》的规定，对"救助报酬"的给付原则区分了不存在环境污染与存在环境污染两种情形：对于普通海上财产的救助沿用"无效果，无报酬"的原则，但对于污染海上环境的救助，实行"无效果，有报酬"的原则，并设置了一定比例的增额。

从公平的立场出发，"无效果，有报酬"的设定不仅是一个法律问题，也涉及利益衡量的问题，传统的"无效果，无报酬"不利于激发救助人参与救助的热情，保护救助人的利益。而 1989 年《国际救助公约》考虑到海洋生态环境日益严峻的现实，从根源上有效激发了海难救助人参与海上环境救助作业的积极性，并消除其无法挽回救助成本与费用的后顾之忧。但该"双重标准"对救助人的救济依然不够，主要体现在非环境救助的情况下，一旦救助失败，救助人将一无所获，即使救助成功，取得的救助报酬也可能不足以抵销救助成本，救助人的利益无法得到保障，这无疑会挫伤救助人的积极性。而存在环境威胁时，救助人将争先恐后地抢救船舶以及海上财产，防止与减少环境损害，无论救助成功与否，救助人最少将获得相当于实际费用的补偿，不会有赔本之虞。在救助成本高企的今天，这样的"双重标准"必将阻碍海难救助业的发展，不利于沿海国海洋生态环境保护。另外，1989 年《国际救助公约》中救助费用的理算过程过于繁琐，在第 14 条第 2 款中特别补偿最高 30%增加比例的认定标准以及直接支付和投入设备、人员的"合理费用"的确定上，1989 年《国际救助公约》的规定都存在缺失与不确定性。

除了海难救助报酬与特别补偿制度在适用之时存在的瓶颈问题，政府主管机关参与救助有权取得的救助报酬与强制清污费也面临法律适用混乱的困境。海事主管机关在对船舶泄漏的油污开展救助与清除作业之时，可能受到多重法律法规的制约，其中涉及国际公约，也包含相关国内法。相关的国际公约主要为 1989 年《国际救助公约》，该公约第 5 条关于政府当局控制的救助条款规定："1. 本公约不影响国内法或国际公约有关由公共当局从事或控制的救助作业的任何规定。2. 然而，从事此种救助作业的救助人，有权享有本公约所规定的有关救助作业的权利和补偿。3. 负责进行救助作业的公共当局所能享有的本公约规定的权利和补偿的范围，应根据该当局所在国的法律确定。"2007 年《内罗毕国际船舶残骸清除公约》适用的对象不仅包括对航行构成障碍或危险的情况，也涉及合理预期会对海洋环境造成重大有害影响，或对一国或多国的海岸线或相关利益造成损失的任何情况或威胁。该公约第 9 条第 7 款规定，"如果登记所有人在……期限内不清除残骸，或是无法联系到登记所有人，则受影响国家可以采用现有最切实可行和最迅速且符合安全和海洋环境保护考虑的方式对残骸进行清除"；该条第 8 款规定，"在需要立即行动且受影响国家已经相应地通知船舶登记国和登记所有人的情况下，受影响国家可以采用现有最切实可行和最迅速且符合安全和海洋环境保护考虑的方式对残骸进行清除"。

在上述两大国际公约的共同规制下，船舶强制清污法律制度框架已经初步建立，但相关细节还有待进一步完善，主要体现为具有私法性质的国际公约（例如《国际救助公约》）与具有公法性质国际公约（例如《内罗毕国际船舶残骸清除公约》）之间如何实现协调与对接上。即对于一艘尚未搁浅或沉没的船舶而言，在对沿海海洋环境造成重大威胁，且船舶登记所有人未及时采取污染防治措施的前提下，政府主管当局是否有权强制介入开展救助，并且事后要求船东支付相应的救助报酬？反之，对于一艘已经搁浅或沉没的船舶而言，在对船舶航行构成严重障碍，且无法联系到登记船舶人的情况下，政府主管当局在强制介入参与救助活动之后，其取得救助报酬的权利如何获得有效保障？关于船舶海上强制清污的国内法同样未能解决上述问题，即相关公法（例如《海上交通安全法》《防治船舶污染海洋环境条例》）与相关私法（例如《海商法》）之间如何实现协调与对接。具体而言，政府主管部门应在多大程度上加强海洋环境污染的监管与控制，何时需要直接介入干预或参与救助，何种情况下有权获得海难救助报酬等问题。关于这一点，相关国内法的规定较为原则化，并未对强制清污的适用条件、清污费用的性质、索赔主体、索赔方式、索赔程序与索赔标准作出明确的规定，笔者将在下文进行分析，并提出相应的解决方案。

第四节　完善绿色航运诉讼与监管
相关法律法规的主要举措

一、全面构建海洋环境损害赔偿公益诉讼制度体系

全面构建海洋环境公益诉讼制度应分别立足于理论与制度层面进行全面考量与系统设计。在理念层面，须立足当下国情，在梳理各方法律关系

的基础之上，判断哪些属于船舶污染海洋环境公益诉讼的主体与客体，尤其是在"美好生活"理念指导思想基础上进行"法益衡量"，将海洋环境公益诉讼权利视为一项"美好生活"的权利以及受法律保护的"环境法益"。认清海洋环境权与环境公益诉讼的内在关系：前者是后者的理论保障，后者是前者的制度支撑。环境权的确能倒逼公益诉讼制度的生成，确保公众享有"美好生活"的权利以及受法律保护的"环境法益"；在方法层面，须认识到该诉讼的判定受多元变量因素的影响，并在综合考量各变量因素的功能和性质的基础上，实施主体判定（法律依据与原告资格）→对象判定（公私益诉讼衔接与可诉范围）→综合判定（救济方式与诉讼保障）的路径。具体到海洋环境公益诉讼的语境下，应当首先认定有权作为诉讼主体的当事人包括哪些，然后判定哪些损失属于海洋环境公益诉讼的范围，是否应当遵循因果关系的基本原则，最后确定法律救济方式；是提起民事公益诉讼、刑事附带民事公益诉讼，还是行政公益诉讼？能否实施扣船，要求其赔偿经济损失或修复环境损害？

如上文所述，2022年5月，最高人民法院、最高人民检察院发布《关于办理海洋自然资源与生态环境公益诉讼案件若干问题的规定》，对海洋环境民事公益诉讼主体作出了明确的规定，认定有权提起海洋自然资源与生态环境民事公益诉讼的主体为行使海洋环境监督管理权的部门，并由检察院发挥督促与兜底的职能作用。这充分说明海洋公益诉讼的特殊性与重要性已经被充分认知，但是该司法解释的内容较为原则化：一方面，在原告资格方面，司法解释仅仅承认了行使海洋环境监督管理权的部门与检察院的诉讼主体地位；另一方面，该解释也未能涉及公私益诉讼衔接、可诉范围、救济方式与举证责任等诸多环节的法律规制。在制度层面，海洋环境公益诉讼制度体系的建构须立足中国语境，充分考量海洋环境诉讼的特殊性，从法律依据、原告资格、适格主体顺位、公私益诉讼的衔接、可诉范围、救济方式与诉讼保障等多个方面建构海洋环境公益诉讼制度规范体系，以实现该制度从"传统"向"现代"的转型，从而为现行《海洋环境保护法》等法律法规的修改与相关司法解释的出台提供对策与建议。

具体而言，在法律依据上，应当以《海洋环境保护法》为准据法，明确该法第 114 条第 2 款为适格主体（国家海洋生态环境主管部门）设定了提起公益诉讼的权利。在"塔斯曼海轮"系列案中，一个重要的争议焦点就在于"渔政处、海洋局，乃至渔民和养殖户的索赔请求是否存在重复的问题"。最终，法官根据个人经验与自由裁量对海洋环境各主管部门职权进行明确认定，即海洋局请求的是海洋环境生态污染破坏和生态恢复的索赔，而渔政处请求的是渔业资源损失，渔民与养殖户请求的是因污染造成的海洋捕捞停产损失、网具损失和滩涂贝类养殖损失，彼此相互独立，但对共同争议进行合并审理。在航运实践中，海洋环境污染的实际情况可能更为复杂，例如，环境生态污染破坏就可能导致渔业资源的损失，而渔业资源损失也可能包含因捕捞停产所造成的损失与滩涂贝类养殖损失；各种资源损失在不同海洋环境情境下相互影响与交叉重叠，导致各主管部门提出的索赔请求可能存在诸多重复乃至遗漏等司法实践中的混乱。因此，我国有必要建立明确、统一、协调、具体的海洋环境污染损害法律机制。在进行相关立法时，可以考虑借鉴美国 OPA 1990 的有关规定，在确定统一代表国家对责任人索赔的海洋生态环境主管机构的基础上，由各有关部门提供相关协助，特别是提供有关数据的支持。确定统一代表国家进行索赔的机构并不违反 CLC 1992 公约与《民法典》的规定，也符合《海洋环境保护法》等相关法律规定的立法宗旨。①

在原告资格上，从立法目的与司法统一的视角，应当拓宽适格主体范围，将环保组织纳入其中；虽然《海洋环境保护法》指出国家海洋生态环境主管部门有权向污染方提出索赔，但该法并未明确将海洋环保组织排除在外，各地法院驳回环保组织提起环境公益诉讼的做法应予以纠正；除此以外，《环境保护法》和《民事诉讼法》均明确环保组织有权在公共利益

① 陈海波."塔斯曼海"轮船舶碰撞海洋油污损害赔偿系列案评析［J］.中国海洋法学评论（中英文版），2005（02）：100.

受损之后向法院提出环境公益诉讼，此种做法无疑是对环保组织在环境保护中发挥作用的高度认可，尤其是在政府监管缺位与行政部门不作为的前提下更是如此。因此，在《海洋环境保护法》尚未明确的背景下，应当适用《环境保护法》与《民事诉讼法》的规定；待未来《海洋环境保护法》修改之时，应参照上述法律的规定，确立环保组织作为海洋环境公益诉讼的主体地位，并对有权提起公益诉讼的环保组织准入门槛作出明确规定。在适格主体顺位上，考虑到公权力机构在证据搜集、专业技术与法律地位上的优势，应坚持以行政主管部门为主体的理念，检察机关与环保组织发挥补位与监督的作用。

在公私益诉讼的衔接上，应进一步出台海洋生态环境损害赔偿公益诉讼相关司法解释，坚持公益诉讼优先的原则，就两种诉讼在不同法院分别立案的，应先中止私益诉讼案件的审理，待公益诉讼案件审理完毕后，就该案件未被涵盖的诉讼请求依法作出裁判；在同一法院立案的，两种诉讼可合并审理，在同一责任限制基金内受偿。

在可诉范围上，鉴于海洋环境损失难以量化，可以借鉴 OPA 1990 的规定，突破传统意义上赔偿实际损失的原则，将为减少损害而支出的必要费用以及可得利益损失纳入赔偿范围，例如海洋生物多样性减损、海洋观赏和娱乐价值减损等中长期环境损失。例如，2022 年，福建厦门海事法院审结全国首例由海警机构提起的海洋自然资源与生态环境损害赔偿纠纷案，主要案情为：安徽芜湖某航运公司疏浚作业船在从事厦门高崎污水处理厂尾水排海管工程清淤时，违反《废弃物海洋倾倒许可证》划定的倾废区域范围，将疏浚废弃物倾倒在厦门珍稀海洋物种国家自然保护区，涉及国家一级保护动物如中华白海豚等 12 种珍稀物种，给海洋自然保护区生态环境造成了直接破坏，影响了中华白海豚栖息地生态安全。厦门海警局据此作出"警告并处罚款 20 万元"的行政处罚。但上述费用对于受污染水域的修复而言无异于杯水车薪，也无法对船舶污染海洋环境的违法行为起到震慑的作用。因此，海警局提起海洋生态公益诉讼，要求被告赔偿生态环境修复费用 128 万余元，最终获得了法院的支持。① 就中长期海洋环境损失可能涉及的间接损失与纯粹经济损失，笔者已经在第二章关于船舶油污损害、有毒有害物质泄漏与外来水生物种入侵所导致的民事损害赔偿范围与责任边界等内容中作了详尽阐述，在此不再赘述。

在救济方式上，鉴于海上环境损害的不可逆性与修复工作的艰巨性，应充分发挥民事、行政与刑事等多种诉讼路径与规制手段的协同性，吸收最高院与最高检颁布的司法解释，在将来《海洋环境保护法》修改之时，引入民事环境公益诉讼、行政环境公益诉讼与刑事诉讼附带民事环境公益诉讼的相关规定，明确诉讼主体、诉讼路径与诉讼前提等相关规定，海洋生态环境主管部门或检察机关与环保组织均有权向污染方提出索赔，要求其承担直接或间接经济损失以及海洋环境修复费用。

在诉讼保障上，由于船舶航行区域具有不确定性与难以预计的特征，主要依据《海事诉讼特别程序法》的规定，海洋生态环境主管部门有权向海事法院申请对肇事船舶予以先行扣押。考虑海洋环境损失的隐蔽性，应适用《民法典》第 1230 条关于环境污染举证责任倒置的规定，受害人需证明存在污染行为与损害后果，由加害人证明污染行为与损害结果之间不存在因果关系。鉴于海洋环境损害案件的专业性较强，法院可以在开庭审理之前委托海洋领域的技术专家进行调解，强化诉调对接的多元化纠纷解决机制，并将调解方案公开，征求社会公众的意见。由于海洋环境污染的不可预测性，法院应在接到保全申请后 48 小时以内裁定采取保全措施的立即执行。

二、积极完善船舶污染海洋环境的刑事法律规制与海洋检察体制机制

（一）加强船舶污染海洋环境的刑事法律规制

笔者认为，船舶污染海洋环境犯罪行为的认定在司法实践与理论研究

---

① 首例！厦门海事法院审结由海警机构提起的海洋生态公益诉讼案件［EB/OL］. 网易，https：//www.163.com/dy/article/H1HVTP8R0514K04P.html.

中之所以存在较大争议或不确定性，其根源在于《刑法》相关条款并未给予海洋环境污染类犯罪充分的关注与重视，制度积弊与规制不足在很大程度上是立法将盗窃海砂、非法捕捞与油污水违规排放等犯罪事实分别予以规制所导致的，相关涉及海洋环境污染纠纷的刑事立法呈现碎片化特征，上述犯罪事实与犯罪行为可能分别触犯了盗窃罪、非法捕捞罪与污染环境罪。

从法律适用层面进行分析，不仅可能产生法条竞合或想象竞合的情形，也有可能出现各地法院适用法律依据不统一的现象。从法律后果层面进行分析，缺乏立足于协同立法的系统论视角，将船舶污染海洋现象与行为所链接形成的法律条件、原因、问题、后果与主客体等因素视作一个整体，作为规制的目标与打击的对象；尚未形成合力的单一立法规制模式无助于从根本上解决海洋环境污染所引发的社会问题与法律问题。鉴于海洋环境污染损害结果属于复杂客体，即国家对于水资源管理的相关制度以及海洋生态治理所涉及的社会秩序与公共利益，因此，就更需要系统构建复合型法律体系与制度规范，对于船舶污染海洋环境的行为进行全面规制与重点防范。具体而言，应以"绿色航运"理念的发展为契机，重点围绕海洋环境类犯罪具体罪名的认定、海洋检察职能与检察监督功能的运行，乃至海事审判机构的改革，作出系统与周延的统筹规划与科学研判，在习近平总书记提出"用最严格制度最严密法治保护生态环境"重要指示的背景下，[①] 对海上环境污染犯罪检察监督机制进行必要的顶层设计与制度重构。

在立法上，应考虑在《刑法》分则中专门设置"海洋环境污染罪"，鉴于盗窃海砂与采用电鱼、毒鱼与炸鱼等非法捕捞水产品的犯罪行为都属于广义上的"海洋环境污染"，均有可能对海洋资源与生态环境造成不可逆的严重损失，其法律后果与刑事处罚也应与船舶向海洋非法倾倒有毒有害物质或含油污水尽可能保持一致；尤其是在犯罪主体、犯罪客体、主观

---

① 用最严格制度最严密法治保护生态环境［EB/OL］. 中国政府网，https：// www. gov. cn/xinwen/2018-09/18/content_5322868. htm.

方面与客观方面等犯罪构成要件与基本要素上，对于所有可能涉及海洋环境污染与危害海洋生态环境的行为进行统一的刑法规制，将盗窃海砂、非法捕捞水产品等犯罪行为一律纳入海洋环境污染罪所规制的范畴，而非零散分布于"盗窃罪""非法捕捞水产品罪"与"环境污染罪"等各项罪名之中。在对"海洋环境污染罪"犯罪构成要件进行规则设计之时，应当考虑尽量将上述三种典型的船舶污染海洋环境类行为纳入其中，尽可能包容此类犯罪行为有可能涉及的主客观要件，而非将原来各项单独的刑事罪名进行简单合并；应发挥"1+1+1>3"的集聚效应，在"海洋环境污染罪"这一新罪名中充分吸收原有各项单一规则的长处与优点，在合并同类项之时纠正原有的制度弊端。换言之，在对各项旧罪名的构成要件进行深度重组的前提下，根据当事人犯罪情节的轻重，分别予以不同力度与幅度的刑事处罚，从而发挥新罪名对船舶污染海洋环境行为的精确打击与有效防治。

具体而言，不管盗窃的海砂是否具有国家财产的法律属性，不论非法捕捞的水产品是水生植物还是水生动物，也不论是船舶违规排放有毒有害物质导致空气污染还是水体污染，都应一律将其纳入船舶污染海洋环境犯罪的规制范畴。其中，犯罪主体一般为直接责任人，即船舶所有人、经营人、管理人与承租人等，当然，也应包括明知污染行为对于海洋自然资源及其收益造成损害，但依然参与窝藏、收购、运输、销售海砂或水产品，或者排放有毒有害物质或者以其他方法掩饰、隐瞒的帮助犯或从犯，即只要参与破坏海洋生态资源上下游产业链的任一环节，实施前款规定的犯罪行为，事前通谋的，以共同犯罪论处。该罪名的主观方面为故意盗窃海砂、非法捕捞与排放污染以谋取不当经济利益。客体为国家对于海底自然资源、渔业资源的保护制度以及海洋生态环境所涉及的公共利益。客观方面为违反国家对于海洋自然资源、水产品与海洋生态环境保护的相关规定，未取得海洋资源开采许可证、水产品捕捞证与污染排放许可的情况下，擅自开发利用海洋自然资源或捕捞水产品或者排放、倾倒与处置有毒有害物质（包括废水与废气）。同时，可以"非法采矿罪"与"污染环境罪"的量刑情节为参照与依据，考虑到海洋生态体系的脆弱性与打击海洋污染环境犯罪活动的迫切性，适度加大海洋环境污染损害刑法调控的措施，提高污染环境犯罪的法定刑，加大刑事处罚力度。例如，犯本罪的，情节严重的，处五年以下有期徒刑、拘役或者管制，并处或者单处罚金；情节特别严重的，处五年以上十年以下有期徒刑，并处罚金。

笔者建议，应尽可能在相关司法解释中明确上述犯罪行为的立案追诉标准，参照《关于公安机关管辖的刑事案件立案追诉标准的规定（一）》与《关于办理环境污染刑事案件适用法律若干问题的解释》相关规定，进一步厘清与总结"未取得采矿许可证擅自采矿""对国民经济具有重要价值的矿区""国家规定实行保护性开采的特定矿种""在禁渔区、禁渔期或者使用禁用的工具、方法捕捞水产品""有毒物质或者其他有害物质"等概念的定义、内涵以及参照依据，并且根据海洋环境保护发展趋势、货币通货膨胀与海洋环境监管制度发展等实际情况，对船舶污染海洋环境的具体情节与损害后果，例如，情节严重、情节特别严重，造成生态环境严重损害，以及造成生态环境特别严重损害的情形，予以区分并及时进行调整。除此以外，鉴于上述司法解释对罚金的适用尚未作出明确规定，可能导致实践中法官拥有过大的自由裁量权，建议应当在充分考虑犯罪行为的过错程度、犯罪事实、犯罪性质、财务能力以及实际危害等多方面因素之后，在相关司法解释中重构与完善海洋环境污染犯罪罚金刑制度。

（二）构建船舶污染海洋环境的检察体制机制

在《刑法》中创设"海洋环境污染罪"这一专门罪名的同时，也应当加强检察院对于海洋环境污染的检察职能，重视海洋检察工作，应在充分考虑船舶污染案件的特殊性、专业性与复杂性的基础之上，重新审视我国海洋检察体制机制无法与当前海洋类案件多发的态势与综合性的特征相适应与相匹配之处，为检察院参与海洋环境治理提供制度基础与法律支撑。可以预见的是，在"海洋强国"战略、"治理能力与治理体系现代化"理论的指引下，"海洋检察"将成为检察机关参与海洋治理的新路径与新方式。然而，当前理论研究的缺失与不足将直接影响海上刑事、民事与行政案件检察工作的开展与改革。考虑到此类案件适用法律的特殊性、海上风险的不可预测性以及海洋检察体制机制的专业性，若直接套用陆上检察制度恐怕"水土不服"，因此，建构海洋检察体制机制不仅迫在眉睫，并且现实可行。

第一，应明确"海洋检察"的具体内涵与理论边界。所谓的"海洋检察"是近年来浙江检察机关向海洋领域延伸检察职能之时提出的术语。2020 年，浙江省首个海洋检察专家工作室在舟山成立，相关系列学术研讨会也陆续召开。2022 年，浙江省舟山市人大常委会作出的《关于加强新时代检察机关海洋检察工作的决定》是全国各级人大首个在海洋检察领域作出的决定，该决定提出检察机关应加强海洋检察履职，加快构建海洋刑事、民事、行政、公益诉讼检察全面协调充分发展的法律监督格局；推动海洋检察与海上"大综合一体化"行政执法改革相衔接，探索开展海洋行政诉讼监督、海洋违法行为检察、海洋行政争议实质性化解工作。综上，笔者认为，"海洋检察"是指检察院在处理海上法律纠纷（包括海上交通肇事、海上走私侦查、盗取海砂、非法捕捞水产品、海洋环境污染类案件）之时，以检察诉权为制度内核确保监督刚性，以非诉讼的民事、行政检察监督为主要履职手段，以海洋治理类检察建议等非司法化治理方式行使检察职能。

第二，在海洋检察体制的改革层面，考虑到海上案件不同于陆上案件，检察机关行使海洋环境检察职能时应"另眼相待"，即在继续保留普通检察工作共性的同时，也应当特别注意海洋检察的特殊性。具体而言，"海洋检察"与"四大检察"之间的关系并非相互独立，而是相互交叉重叠并有所延伸与拓展。2017 年的"海上交通肇事案"是国内第一起由海事法院审理的刑事案件，由浙江高院指定的宁波海事法院管辖。虽然该案并未涉及海洋环境污染纠纷，但是高院指定管辖的做法为海上刑事案件审判机构的改革提供了借鉴与启示，将来可能有越来越多的海上刑事案件从基层法院移送至海事法院进行审理，甚至可能导致海上刑事案件专属管辖权制度面临重大变革。事实上，回顾近年来海上刑事案件管辖权制度的发展历程，不难发现，检察院对于此类案件的介入程度正逐步加深。早在2007年，最高人民法院、最高人民检察院、公安部曾联合发文《关于办理海上发生的违法犯罪案件有关问题的通知》，但是该通知并没有明确检察院有权对法院与海警支队的执法工作进行监督。从2013年"大部制"改革方案的出台到2018年海警局整体划归中国人民武装警察部队，海上侦查权由海警局统一行使，海洋维权执法职能则统合到海洋与渔业、海事以及海警三大执法部门。直至2020年，最高法、最高检和中国海警局联合印发的《关于海上刑事案件管辖等有关问题的通知》对于海上刑事案件管辖与海警局向检察机关移送海上刑事案件的相关程序作出了明确规定，但涉及海洋检察监督制度的规定较为原则性与框架性，存在进一步完善与提升的空间。同时，该通知也未涉及检察机关对于海洋与渔业、海事、海警等执法部门的检察监督职能，应进一步梳理与建立其与上述的主管部门之间的职能分工与监督机制。总体而言，我国海洋行政司法执法体制在完成新一轮的整合重组之后，海上行政权、司法权、侦查权的行使尚处在重组磨合阶段，意味着检察院与其对接工作、监督机制乃至理念也急须作出相应调整。

笔者建议，在"加强海洋检察工作"理念的指引之下，检察院也应考虑围绕相关机构的设置实施改革，建议可以在个别沿海区域试点设立海洋检察院，待条件成熟之时根据实际情况设立各级别的海洋检察院，例如，以北海、东海、南海三大海域划分为基础，增设相对应的直属最高检的三大海区海洋检察院及11个沿海基层海洋检察院，在加强其对海洋与渔业、海事、海警等行政主管部门执法以及侦查监督的同时，实现其与海事法院审判工作的对接与协同，从而尽可能降低制度变迁所导致的"阵痛"，缩短职能变更所产生的"磨合期"。

第三，在海洋检察机制的构建层面，应当以加强海洋检察诉权与检察监督等司法性与非司法性检察职能之间的衔接为重点，尤其是通过修改《刑事诉讼法》《海事诉讼特别程序法》等法律法规、颁布司法解释等多种方式，完善建立海洋检察监督机制。例如，在立法设计与制度建构方面，我国检察监督制度缺乏强制性。尽管我国《宪法》赋予了检察机关对公安机关、审判机关与执行机关检察监督的职能，《刑事诉讼法》也赋予其追诉与监督的权利，但相比于"追诉"具有国家强制力作保障，"检察监督"缺乏刚性，是否接受监督的主动权往往在于对方；且监督权行使类型有限，包括建议性监督方式"提出检察建议"，纠正性监督方式"发出纠正违法通知书"等柔性权利。总体而言，《刑事诉讼法》仅仅授权检察院开展检察监督，但并未规定被监督单位拒不接受意见或者局部纠正的法律后果，这往往使得检察监督工作流于形式，监督效果不尽如人意。这种"重追诉、轻监督"的现象同样存在于海洋检察监督工作中。解决上述问题的根本途径是应在侦查、审判、执行这三个环节中加强检察院对于海警局、海事局、海洋局等司法机关、行政执法部门与法院的检察监督。建议在海洋检察体制机制层面作出顶层设计，在明确检察机关跨区划监督管辖权限的基础上，建立跨区域监管合作与监督机制；同时，修改相关法律规定，在《刑事诉讼法》或《海事诉讼特别程序法》之中增设相应条款，明确检察院有权对海事诉讼与纠纷实行检察监督，检察监督的范围包括海洋行政执法主管部门与法院。

就侦查阶段的检察监督而言，检察机关应该逐步实现从"监督者"到"参与者"的身份转变。《刑事诉讼法》赋予了检察机关对于国家工作人员利用职权的犯罪行为的侦查权，该规定在海洋环境污染刑事案件中同样适用。尽管船长负责船舶的航行，但在航线的选择与运营时依然接受船舶运营方的指令与指挥。如果海洋污染纠纷的发生是由国有航运企业工作人员指示，如要求船员故意开展盗窃海砂、非法捕捞与违规排放，即承运人不仅不能享有《海商法》意义上的航海过失免责与责任限制，还应被追究刑事责任。除此以外，检察院还应引入"检察介入侦查"机制，在刑事诉讼法或相关司法解释中要求检察院可以适时介入侦查活动，及时预防、纠正侦查活动违法行为，并围绕指控需要，提高侦查效率，指导侦查人员按诉讼证据标准进行搜集、提取、固定证据的监督机制，建立督促起诉与支持起诉前置、直接起诉为补充的公益诉讼模式。以海洋环境污染案件为例，本节所指的海洋环境污染主要来自船舶，包括原油燃油泄漏、废弃废水倾倒与化学物质排放，而非来自陆地工厂或生活垃圾。在司法实践中，对于船舶污染海洋环境案件，船东极少被追究刑事责任，可能依据我国《民法典》与 CLC 规定承担民事责任，也有可能根据《海洋环境保护法》规定承担行政责任。但无论是民事责任还是行政责任，对于船东的震慑力显然不够。

建议在落实海警局对于海洋污染案件刑事管辖权的基础之上，由检察院在案件侦查阶段进行监督指导，确立立案"报送制"。具体而言，由海警局向检察机关报送初查的证据材料，检察机关根据《刑事诉讼法》的规定，对相关证据资料进行审查，确认其管辖权与立案标准，如果认为未达到立案标准，要求海警局继续补充相关证据材料，补充证据材料以两次为限，如果还未达到立案标准建议其不予立案。如符合立案标准，则主动介入侦查。不同于陆上刑事案件，海上刑事案件发生后存在证据难以固定与保存的问题。专家往往根据航海日志、借助 GPS 与 AIS 系统进行航迹推测，证据客观性常常受到质疑。不同专家得出的结论相去甚远，2018 年发生的"桑吉"轮溢油事故对海洋生态的影响评估就是典型案例。检察院可以要求海警局组织专家研讨会与论证会，听取多位国内外海事专家的意见，从而确保海上刑事案件证据效力的客观性。

就审判阶段的检察监督而言，在实体法上，我国《海商法》并未涉及刑事法律规范，因此，涉及海上刑事犯罪的法律适用问题只能以《刑法》作为依据；在程序法上，我国《海事诉讼特别程序法》同样未设定刑事诉讼程序，因此，涉及海上刑事犯罪的管辖权与检察监督机制只能以《刑事诉讼法》作为准则。立法上的缺失不可避免地影响海上刑事案件的定罪量刑，以至于在业内有一种说法：海上犯罪行为涉及的不是法律问题，而是一个事实问题。刑法要求违法必究，但海上犯罪行为在绝大多数情况下不被追究刑事责任。从立法论的角度出发，这是因为我国《刑法》并未对海洋环境污染单独设立罪名；从解释论的观点出发，我国《刑法》的出台是以陆源案件为参照，海上案件若照搬适用则缺乏足够的法律依据。追溯相关条款的立法本意，也许当初立法者并未考虑适用海洋环境污染案件，但检察院可以根据"客观目的"解释的原理对《刑法》相应条款作出解释，正所谓"法律在制定完成之后就脱离了立法者"；或者向最高院提出建议，出台相应的司法解释，根据船东或船员行为的恶意程度与环境污染范围，决定是否将船舶污染刑事犯罪类型明确纳入刑法所调整的事项。若恶意程度较高，造成的损失较大，则应提起公诉；若属于过失犯罪，并且造成的财产损失较小或人身伤亡较轻，则不提起公诉，建议从轻从缓处罚乃至在判决结果出台后提出抗诉。

在如今保护海洋生态环境的大背景下，笔者认为，由检察院向污染方提起公益诉讼，追究其"海洋环境污染罪"的刑事责任，不仅将大幅提高诉讼成功的概率，也将极大增加船舶运营方的违法成本。这在国外不乏先例，例如 2013 年美国雪佛龙石油公司石油泄漏事故，巴西的地方检察院裁决该公司支付约合 107 亿美元的环境赔偿。而在我国同年发生的"渤海蓬莱溢油案"中，康菲公司仅承担相应的行政责任，对于海洋生态的赔偿仅为 16.83 亿元。尽管两起事故的污染程度与范围相似，但承运人所承担的责任却大相径庭，这不仅是法律适用或者赔偿标准的差异所导致的，也与检察院对于司法审判的法律监督力度不同密切相关。因此，我国检察院不仅应在审判阶段围绕法院是否准确适用《刑法》与《刑事诉讼法》的规定开展检察监督，在法院判决、裁定与调解结果生效之后也应及时针对法律适用与事实认定错误、诉讼程序违法或者取证手段不当等情形进行抗诉（通过上诉或审判监督程序提出）。关于法律适用的问题，笔者已经在上文探讨海洋环境污染刑事罪名相关问题与解决路径之时进行了详尽阐述，在此不作赘述。

就执行阶段的检察监督而言，在船舶污染刑事纠纷发生之后，受害人可以向海事法院申请扣留犯罪嫌疑人的船舶，从而保证在判决结果出台之后顺利执行，这在刑事附带民事诉讼中尤为重要。一旦对方不履行相应的民事赔偿义务，受害人可向法院提出申请，要求变卖或拍卖船舶，这一点在我国《海事特别程序法》中有明确的规定；当然，适用该法的前提是该案件由海事法院、所在地的高级法院或者最高人民法院所管辖，如"因船舶排放、泄漏、倾倒油类或者其他有害物质，海上生产、作业或者拆船、修船作业造成海域污染损害提起的诉讼"属于海事法院专属管辖的范畴。但目前绝大多数的船舶污染刑事案件依然由基层法院刑事庭管辖，基层法院显然未被赋予扣船的权能。笔者认为，对于此类需要扣船的刑事附带民事诉讼，检察院可以向高院提出建议，要求高院指定船舶所在地的海事法院审理此案件，受害人再向该海事法院申请扣船，确保标的物执行到位。

同时，检察院应当对扣船的合法性进行监督，若犯罪嫌疑人的犯罪行为地为韩国，韩国法院也作出了相应判决，但由于我国与韩国之间并未签订承认与执行判决的双边协定，那么受害人就不能依据韩国法院的判决申请扣船，但是对于韩国仲裁机构作出的裁决，由于我国属《承认及执行外国仲裁裁决公约》的缔约国，受害人可依此向法院申请扣船。检察监督在执行阶段就应特别注意甄别我国海事法院对此类案件是否有管辖权，是否应承认与执行外国法院的判决或仲裁机构的裁决。

三、逐步修改船舶污染海洋环境行政监管、环境救助与强制清污制度

如上文所述，为加强船舶污染海洋环境的法律监管，应当从公法与私法两个角度同时入手，在充分遵循双方意思自治的基础之上，适时推动公权力的及时干预与介入。

（一）加强船舶污染海洋环境行政监管

建议在船舶登记制度领域改革，加强实现船籍国对于船舶污染海洋环境的防治，即主要针对船舶安全营运体系与防污染规则的构建重点监管，考虑对船舶适航规则进行适当修改与突破。由于我国采取了严格登记制度，该制度相比方便旗制度在登记手续方面较为繁琐，在准入门槛

上更为严苛,导致了国内航运公司所拥有或控制的船舶在国外登记,选择悬挂方便旗,因此,我国应立足于自身发展实际,在现有船舶登记政策框架体系项下,尽可能吸引更多中资外籍船回国登记,从而实现有效监管与降低准入之间的平衡。当前,上海自贸区已经在船舶登记制度层面进行了重大改革,专门设置两个船籍港:如果船舶处于保税状态,则登记为"中国洋山港";如船舶处于完税状态,则登记为"中国上海",二者均享受国际船舶登记制度的政策便利,享有一定的关税与进口环节增值税的减免。上海自贸区临港新片区进一步加大制度改革力度,对境内制造船舶在自贸区登记从事国际运输的,视同出口,按照国家规定给予出口退税。笔者建议,未来应该进一步加强制度型开放力度,向上海全市乃至全国积极复制推广上海自贸区与新片区关于登记制度与政策,待时机成熟之时,可以考虑借鉴韩国釜山港的经验,出台"第二船籍港"制度(指已经在其他国家注册的船仍然可以在我国注册,在不改变原有的传统船舶登记制度的前提下,通过采取便利的船舶登记程序,提供类似于方便旗船的优惠税率,吸引中资外籍船舶和外国船舶在我国注册的制度)。

船舶登记准入门槛适度降低并不意味着监管标准的下降,我国海事主管机关应与时俱进,适时加强对于船舶安全营运与污染防治的有效监管,根据国际船舶防污染要求的发展趋势,将船舶防污染设施的配备与突发环境污染事件的应急处置作为判定"适航"与否的重要标准。尽管传统意义上的海商法对于适航的界定仅仅包含了船体适航、船舱适货和船员适格三大要素,但"环境污染"这一要素也成为适航的一大衡量标准。早在 1999 年 Mobil Shipping and Transp. Co. v. Wonsild Liquid Carriers Ltd. ① 一案中,对于一艘运输原油的船舶,一审法官考虑到原油泄漏对海洋环境的巨大危害,认为确定该船是否适航时应设立最高标准,因此船舶的裂缝足以构成

---

① 参见 190 F. 3d 64 (2d Cir. 1999).

船舶不适航。二审法官进一步解释,安全运输货物不仅包括确保货物完好无损,还包括该货物不威胁环境,即船舶不仅应适运与适货,还应当做到"环境性适航",该因素为船舶适航增添了新标准。① 这当然也符合行业发展的社会期望。② 随着《国际船舶安全营运和防止污染管理规则》(以下简称 ISM 规则)的颁布,该规定中的安全管理体系(以下简称 SMS)对船舶运营方防治污染的要求进一步细化并拓宽,尽管 ISM 规则与船舶的适航性并没有直接法律上的规定,既不能说不符合 ISM 规则要求的船舶就是不适航的,也不能说不适航就是不符合 ISM 规则,③ 但 ISM 规则的强制性为适航责任的概念设定了一条底线,相比以往的船舶管理规范,ISM 的创新主要体现在以下几方面:(1)将船公司防污染内部管理规范引入适航责任的界定。相比以往仅仅针对船长、船员的管控,针对船体、船舶设备的技术要求,就岸上人员对于海洋环境污染控制与船舶营运安全管理提出了新的要求,例如,制定安全与环境保护方针,建立了内部审核、领导复核、应急预案等规程,强调岸上决策与海上决策处于同样重要的地位。④ (2)推动船舶防污染与安全管理的文件化与规范化。一方面,方便了环境污染受害方的举证;另一方面,为"环境性适航"提供了量化的标尺,对涉及人员、船舶安全和防止污染的关键性的船上操作,要求公司应当制定有关程序、方案或须知包括必要的检查清单,因而有学者认为《海牙规则》所罗列的适航范围在司法实践中适用价值微小,而若根据 ISM 规则认定适

---

① Susan Hodges. Seaworthiness: A New Calculus Factors in Environmental Friendliness: Mobil Shipping & (and) Transportation Co. v. Wonsild Liquid Carriers, Ltd. [J]. Journal of Maritime Law & Commerce, 2003 (3): 497-509.

② Michael Rutledge. Mobil Shipping & Transportation Co. v. Wonsild Liquid Carriers, Ltd.: Seaworthiness Adapts to a New Environment [J]. Tulane Maritime Law Journal, 2000 (1): 409-416.

③ 陈超,蔡存强. ISM 规则对船舶适航的影响 [J].上海海运学院学报,2003,24 (04):308-311.

④ 王伟明. ISM 规则对船舶适航标准的影响 [J].上海海运学院学报,2003,24 (01):26-30.

航，既具体又方便，① 同时也令这一标准在世界范围内实现了统一。② （3）增加了船员防污染考核、培训的规则。传统上"妥善配备船员"一般只要求船员持有适任证书；船上人员的人数满足最低员额的要求，但现代船舶的自动化、专业化程度越来越高，船公司除了要求船员身体健康，有效持证之外，还要组织船员强化进修，定期考核，例如熟悉船舶防污染设施的操作、安全设备的维护与应急方案的执行，否则就推定其在对船员的考核、培训上有过失，未保证船舶适航。分析总结上述案例与国际公约可知，对于适航义务的界定正朝着多元化发展，除了传统私法意义上"狭义"的适航以外，还应遵循环境法或者管理法意义上公共利益原则。这一点在修改后的《海上交通安全法》第 11 条关于适航管理的最新规定中也有所体现。我国海事主管机关应以此为执法依据，对于不符合最新绿色航运节能减排国际公约与环保标准的船舶，或者尚未构建安全营运和防治船舶污染管理体系的航运企业，不予颁发船舶安全管理证书与适航证书。

（二）完善船舶污染海洋环境救助与强制清污制度

鉴于港口国或沿海国政府对于船舶污染海洋环境的行政监管的日益加强，应在《海商法》第九章"海难救助"修改之时，重点关注海难救助报酬与特别补偿支付前提条件的厘清，特别补偿金额 30% 增加比例的认定标准，以及直接支付和投入设备、人员的"合理费用"与"公平费率"的确定等相关问题。笔者建议，现阶段的修改方向依然是维持 1989 年《国际救助公约》的制度框架，应对特别补偿金额 30% 增加比例的认定标准予以明确，仍然参照该公约第 13 条第 1 款的考虑因素。当然，最好剔除 a 项和 e 项，a 项即获救船舶及其他财产的价值，因特别补偿主要是针对环境救助而言的，财产救助的价值跟环境救助成功与否毫无关系。换句话说，在环

---

① 蒋正雄．论船舶适航的认定及其法律规定 [C] //海大法律评论，上海：上海社会科学院出版社，2008：213.

② 李章军．国际海运承运人责任制度研究 [D]．上海：华东政法学院，2005：52-53.

境救助的情况下，特别补偿完全可能超过获救船舶和财产的价值，也完全可能超过救助报酬，这一点也不违背当初特别补偿制度制定时的初衷，所以特别补偿金额的提高比例根本不需要考虑获救财产的价值。删除 e 项的理由与删除 a 项相同，在已经有了 b 项"救助人在防止或减轻对环境损害方面的技能和努力"的情况下，e 项"救助人在救助船舶、其他财产及人命方面的技能和努力"纯属多余。至于其他的考虑因素，如"危险的性质和程度"，"救助人所花的时间、费用及遭受的损失"，虽然和救助环境没有直接的关系，但救助人在减少环境污染时，同样需要花费时间，面临巨大的风险，救助设备的使用仍然与救助船舶时相同，所以都可以作为特别补偿金额提高的考量因素。

待时机成熟之时，应引入 SCOPIC 条款，从而彻底解决海上环境救助中合理费用与公平费率难以确定的问题。具体而言，救助人、保险人与船东等利益主体在经过充分协商之后，在劳氏标准救助合同中设立了"SCOPIC 条款"（Special Compensation P&I Club），中文译为"船东互保协会特别补偿条款"。顾名思义，是指由船东互保协会承担特别补偿的费用，为与 1989 年《国际救助公约》下的"特别补偿"相区分，将其命名为"SCOPIC 酬金"。其中最大的突破无疑就是取消了"环境污染"的限制。SCOPIC 第 5 条关于"费率"的规定，救助成本直接设定了 25% 的增额比例，无论是否存在环境污染都能加以适用。此种规定使得救助人无论在面临环境损害还是非环境损害时都愿意积极参与救助，同时该条款还简化了救助费用的理算模式，这种公平而统一的法律标准将较好地解决了公平费率的确定问题。在附件 A 中详细列明了救助设备，包括拖轮和便携式的救助装备，以及人工的费率，这些费率全都是参考了市场上同类设备的租金率而制定的，因而能为救助双方所接受，有了这个固定的费率，计算的过程就大大简化了，附件 A 中基本囊括了救助人所需要的所有设备。第 5 条也对 SCOPIC 酬金的计算做了详细的规定，甚至对实际支出的费用，即救助人向第三方支付的费用，也视情况的不同，做了不同的分类，一目了然。甚至有人认为，SCOPIC 条款的全部意义在于确立了特别补偿计算制度，推动了整个特别补偿制度走向完善。特别补偿制度自 1989 年《国际救助公约》出台之后的发展都表明，第 14 条仅仅是开始，而不是大功告成。SCOPIC 条款的出现归根到底是 1989 年《国际救助公约》所确立的特别补偿制度，但在实践中遇到了难以克服的问题——不确定性。①

同时，推动港口国或沿海国实施的强制清污制度在公私法两方面的协调与对接。笔者建议，在国内法相关规定修改之时：一方面，应充分落实《国际救助公约》与《内罗毕国际船舶残骸清除公约》等国际公约的要求；另一方面，也应尽力协调上述国际公约之间的衔接不足。就索赔主体而言，如果政府主管部门直接参与强制清污作业或者作为代履行实施方，索赔主体应为政府主管机关；如果政府主管部门并未直接参与强制清污作业或者作为代履行的实施方，而是委托无利害关系的第三人实施代履行工作，鉴于该第三方与船东之间并未建立任何合同法律关系，而海事管理机构与第三方之间既已形成了行政合同委托关系，那么依然应当由海事管理机构要求船东向自己或第三方支付代履行费用。就索赔的前提而言，无论该船舶是否搁浅或是沉没，若其污染行为对海洋环境构成重大威胁，且船舶所有人未能及时采取措施防止污染的发生乃至损失的进一步扩大或者无法取得联系之时，政府主管机关均有权及时介入采取强制措施或者委托第三方开展救助。就索赔方式与索赔范围而言，不应仅仅从《行政强制法》与《海洋环境保护法》的视角向船东提出索赔，还可以立足于《海商法》所确立的海难救助报酬支付基本原则的视角向其追偿。

换言之，对于强制清污费用的支付，主要存在两种追偿方式或救济路径。第一种是依据《海洋环境保护法》第 90 条的规定，船舶发生海难事故，造成或者可能造成海洋环境重大污染损害的，国家海事管理机构有权强制采取避免或者减少污染损害的措施；但是索赔范围也只能以实际费用与开支为限度，根据《行政强制法》与《海事行政强制实施程序》规定，

---

①　祝海宇. 海难救助法律中特别补偿制度的评析 ［J］. 中国水运（学术版），2008（01）：253-254.

行政机关依法作出金钱给付义务的行政决定,当事人逾期不履行的,行政机关可以依法加处罚款或者滞纳金。另一种是依据《海商法》中海难救助法律制度的规定,要求支付相应的救助报酬或特别补偿;海事主管机关与一般民事主体的法律地位相同,即使其与船东之间并未事前签订救助合同,但可以要求污染方支付相关救助报酬,或者取得相应的特别补偿,因此,其有权获得的酬金与报酬将视其参与财产救助或环境救助取得的效果而定,可能远远高于《行政强制法》或《海洋环境保护法》中海事主管机关索赔的实际费用与合理开支。从某种意义上讲,此种做法可以追溯至早期海上的"纯救助"。在 1824 年"Nepture"一案中,① Stowell 勋爵曾对"海难救助"下了较权威的定义:如果救助人与处于危险时的船舶无任何法律关系,却依然愿意为其提供有用的救助服务,帮助对方继续从事海上冒险,即使事前在彼此之间并不存在合同(covenant),但却为海上财产的保全而作出努力。由于早期的海难救助在大多数情况下为纯救助,因而该定义也彰显了"纯救助"的题中之义。就"纯救助"的法律性质而言,只要在救助之时明显不违背被救助人的意思表示,救助人与被救助人之间就达成了所谓的"事实合同"(actual contract),该"事实合同"法律效力并非来源于民商法,而是海上习惯法。因此,海事主管部门索赔强制清污费或环境救助费具有充分的制度支撑与完整的理论依据。就索赔程序而言,海事主管机关同样可以依据《行政强制法》第 46 条或者《海事诉讼特别程序法》第 21 条的规定,向法院申请强制执行,如果无法联系到船东或者在法定期限内不申请行政复议或者提起行政诉讼,经催告仍不履行的,法院可以将该扣押船舶予以变卖或拍卖以优先抵缴滞纳金、罚款、救助报酬或特别补偿。

---

① (1824)1 Hag. Adm. 227.

结　语

在本书的撰写工作即将完成之时，笔者忽感如释重负，但又隐隐感到有些惶恐。本书所涉及的诸多内容是笔者自从事教学与科研活动以来，始终关注与持续思考的问题；换言之，是在总结当前船舶污染海洋环境制度基本框架与知识体系的基础之上，结合航运市场发展新形势新要求而开展的学术探索。其中有老问题，也有新问题；有的是正在学术界激烈探讨之中的重大热点，例如互有过失船舶碰撞造成单船油污泄漏的法律责任认定、船舶污染海洋环境的行政监管等；有的是正处于萌芽状态，正逐步被航运界所关注的重要话题，如船舶大气污染防治与海洋环境公益诉讼相关法律问题、外来水生物种入侵风险防范的法治保障等；也有的是尚未被学术界与航运界充分认知，但在海洋环境保护中的重要性正日益显著的关键议题，如船舶垃圾处置（包括船舶拆解垃圾的接收、转运与处理）与船舶污染的刑事法律规制（包括海洋检察体制机制的运行）等。但笔者感到，本书的相关研究依然存在一定不足，部分内容在未来尚须进一步修改与完善。

其中主要涉及三个问题，第一个问题是：从研究对象与学科属性的视角，围绕绿色航运政策与法律制度的研究应立足于航运法与海商法的视野，还是立足于环境法的视角？第二个问题是：从研究内容的视角，本书究竟是对现有涉及绿色航运研究成果进行全面总结与系统分析，还是聚焦绿色航运发展的行业热点问题开展重点研究，并作出有针对性与目的性的分析？第三个问题是：从研究方向的视角，应如何看待绿色航运技术与相关政策法规之间的关系，法律是否有助于解决绿色航运发展进程中面临的技术瓶颈？在航运、立法与司法实践中，是政策法规的颁布与实施引领绿色航运技术的进一步发展，还是绿色航运技术的发展推动现有法律法规的修改与完善？

就第一个问题而言，鉴于本书是我国业内首部以"绿色航运"这一较为新颖与相对宏大的主题对船舶污染开展系统研究与深入探讨的法学专著，研究对象具有跨部门法的主要特征，既涉及海商法与航运法等相关国内法律法规存在的问题，也包含行政法与环境法等相关国际公约面临的困境；学科属性既具有较强的公法性，也包含浓厚的私法性，这一重要特质在船舶油污损害、有毒有害物质泄漏的法律规制以及海洋环境救助与强制清污制度中尤为明显。但症结就在于：一方面，当前我国海商海事法律法规与航运制度中关于船舶污染防治的规定严重不足，甚至存在缺失现象；另一方面，传统环境法与行政法对于船舶污染海洋环境特殊性的研究并不充分。在某种意义上，海商法与航运法的立法初衷是通过制度创新来推动航运经济的繁荣，而行政法与环境法的立法主旨是加强政府监管与制度保障以保护海洋环境，因此，两者的目标在一定程度上是冲突与对立的。本书试图找寻两种目标之间的利益平衡点，思考彼此之间的优先级，探索如何在发展航运经济时，促进航运市场的可持续发展；尤其是在航运市场发展日新月异与海洋环境保护形势日益严重的今天，如何把握两者之间的度有待在航运实践中进一步观察与验证。

就第二个问题而言，本书撰写的出发点主要是立足于宏观叙事与政策背景下树立"问题意识"。即在习近平总书记关于"绿水青山就是金山银山"重要讲话精神、"碳达峰"目标与"碳中和"愿景，以及"海洋命运共同体"理念的指引下，不再局限于简单介绍涉及绿色航运的政策法规，而是围绕船舶油污损害、有毒有害物质泄漏、外来水生物质物种入侵、船舶大气污染、船舶垃圾处置、绿色航运诉讼与监管制度等重要议题开展深入研究；在对新时代绿色航运的本质与特征、绿色航运政策法规的内涵与外延、表现形式与法律渊源、研究现状与研究意义进行全面总结的基础之上，梳理当前各类船舶污染的现状，总结涉及绿色航运的相关国际公约与法律法规，分析上述绿色航运政策法规存在的主要问题，并提出相应的解决方案与对策建议。但受篇幅所限，本书的研究范围并不追求"面面俱到"，而是结合绿色航运发展趋势，有意识地选择部分具有较大争议的问题与行业热点话题重点展开；但无论是学术争议还是行业热点都是相对的，也许在未来立法或修法完成之后，相关争议与热点也将逐步平息与消退，新的争议与热点也将随之产生，这同样有待于在今后的研究中进一步提炼与分析。

就第三个问题而言，笔者已经在船舶大气污染防治章节中对绿色航运技术与法律法规之间的关系开展了初步的探索与研究，在综合权衡与通盘考量了我国航运业发展的得失利弊之后，提出应立足于我国基本国情与航运业态基础循序渐进、稳步推进，确立"先技术、后规范"的立法理念，避免"先规范、后技术"的立法思路，杜绝立法上的冒进措施与激进态度。然而，随着绿色航运技术的发展与进步，未来航运市场与业态基础可能陆续呈现诸多新趋势与新特征，原有的绿色航运国际公约与国内法可能出现与之不相适应的现象。例如，在无人船、智能船与区块链技术被投入应用至航运领域之后，原有海洋环境保护的举措将会面临何种新要求与新挑战？在数字航运与智慧航运蓬勃发展的时代背景下，绿色航运的法律法规将何去何从？是继续遵循或照搬现有的原则与规则，还是对现有的制度作出进一步修改，抑或完全颠覆现有的国际公约与国内法？是否有必要开展超前立法或者做好立法储备？国外有无相应的参照样本与实施标准？这些问题的答案都是无法预计的，有待于在绿色航运技术发展成熟之后开展实证研究，紧密结合法学理论，从而为绿色航运的进一步发展提供法治保障与政策支撑。

综上，本书虽然定名为《绿色航运政策与法律制度研究》，但笔者的本意并非围绕"绿色航运政策法规"这一主题撰写一本教科书，对于涉及绿色航运的政策法规"事无巨细"地展开介绍与铺开阐述；而是以此为切入点与突破口，在上述"问题意识"的驱使下对于当前绿色航运制度所存在的主要问题进行深刻反思与深入分析。力争在研究视角上，抛砖引玉；

在研究内容上，有所取舍；在研究方向上，有所侧重；在研究目标上，有所突破。可以肯定的是，围绕绿色航运法律法规的理论研究是未来航运法与环境法领域的"蓝海"，本书能为今后更多学者的研究提供逻辑起点与理论基础；与此同时，针对绿色航运法律法规的修改也是未来我国航运法、海商法与环境法等相关政策法规修改的重点，本书的相关内容同样能为上述政策法规的颁布与修改提供前瞻性的对策建议与理论依据。

本书是上海市"科技创新行动计划"软科学研究项目（22692192500）的研究成果，获得了上海海事大学法学院以及马克思主义海洋文明与中国道路研究中心的资助。